Die Börse

Andreas Seebandt

5,9

Die Börse

Dr. Andreas Seebandt

2. Auflage

STS Verlag

Die Deutsche Bibliothek – CIP-Einheitsaufnahme

Seebandt, Andreas:
Die Börse / Andreas Seebandt. – 2., aktualisierte Aufl.. – Planegg : STS-Verl., 2000
(STS-TaschenGuide; 10)
ISBN 3-86027-337-X

ISBN 3-86027-337-X
Bestell-Nr. 00673-0002
1. Auflage 1998 (ISBN 3-86027-194-6)
2., aktualisierte Auflage 2000

ein Unternehmen der Haufe Mediengruppe
Postanschrift: Postfach 13 63, 82142 Planegg
Hausanschrift: Fraunhoferstraße 5, 82152 Planegg
Fon (0 89) 8 95 17-0, Fax (0 89) 8 95 17-2 50
E-Mail: online@haufe.de, Internet: http://haufe.de, http://taschenguide.de
Lektorat: Dr. Ilonka Kunow

Satz + Layout: Satzstudio »Süd-West« GmbH, 82166 Gräfelfing
Umschlaggestaltung: Agentur Buttgereit & Heidenreich, 45721 Haltern am See
Druck: J. P. Himmer GmbH, 86167 Augsburg

TaschenGuides – alles, was Sie wissen müssen

Für alle, die wenig Zeit haben und erfahren wollen, worauf es ankommt. Für Einsteiger und für Profis, die ihre Kenntnisse rasch auffrischen wollen.

Sie sparen Zeit und können das Wissen effizient umsetzen:

Kompetente Autoren erklären jedes Thema aktuell, leicht verständlich und praxisnah.

In der Gliederung finden Sie die wichtigsten Fragen und Probleme aus der Praxis.

Das übersichtliche Layout ermöglicht es Ihnen, sich rasch zu orientieren.

Anleitungen „Schritt für Schritt", Checklisten und hilfreiche Tips bieten Ihnen das nötige Werkzeug für Ihre Arbeit.

Als Schnelleinstieg die geeignete Arbeitsbasis für Gruppen in Organisationen und Betrieben.

Besuchen Sie uns im Internet: http://taschenguide.de

Hier finden Sie Arbeitsmittel zum Downloaden und können Ihre Meinung direkt an die TaschenGuide-Redaktion mailen. Wir freuen uns auf Ihre Anregungen.

Ihr STS Verlag
Fraunhoferstraße 5 – 82152 Planegg
Fon 0 89 / 8 95 17-2 22
Fax 0 89 / 8 95 17-2 90

Inhalt

Vorwort

In den letzten Jahren haben sich die börsennotierten Anlageinstrumente, darunter insbesondere die Aktie, endlich auch in Deutschland eine hier bislang unbekannte Popularität erwerben können. Tatsächlich bietet sich einem engagierten Anlageinteressenten als Alternative zu wenig rentablen Sparformen die eingehendere Beschäftigung mit der Börse an, denn die dort gehandelten Papiere weisen ausgesprochen attraktive Chance-Risiko-Relationen auf.

Der vorliegende TaschenGuide ist aus Seminaren des Autors zum Börsentraining hervorgegangen. Er klärt über die unverzichtbaren Grundlagen auf und bietet Einblicke in weiterführende Themenbereiche. So lernen Sie die gängigen Anlageinstrumente Aktie, Anleihe und Optionsschein kennen und können Ihren Blick für die vielen marktbeeinflussenden Faktoren und Zusammenhänge schärfen. Zahlreiche Tips, Checklisten und Berechnungsbeispiele bereiten Sie praxisnah auf Ihre ersten Schritte auf dem Börsenparkett vor.

Mentalität, Motive und Erwartungen der Anleger sind jedoch sehr unterschiedlich. Finden Sie daher mit Hilfe einer schrittweisen Anleitung zu Ihrer persönlichen Anlagestrategie. Ein Glossar im Anhang erklärt schließlich die wichtigsten Börsenbegriffe, die Sie im Text kursiv gedruckt finden.

Dr. Andreas Seebandt

Anlageberatung oder Eigeninitiative?

Gleich zu Beginn seines Börsianerlebens hat der zukünftige Anleger eine erste bedeutsame Weichenstellung vorzunehmen.

In vielen Fällen entscheidet er sich, Berater hinzuzuziehen, von denen er sich kompetente Lösungsvorschläge erwartet. Daß diese Hoffnung nicht selten auf tönernen Füßen steht, wie verschiedene Untersuchungen namhafter Institutionen belegen, hängt sicherlich auch mit der Komplexität der zu bewältigenden Aufgabe zusammen.

Das sollte eine Anlageberatung bieten

- Ein guter Berater muß vor allem die finanzielle Situation, also Höhe und Verfügbarkeit der Mittel, und nicht zuletzt die Mentalität des Interessenten bis ins Detail erkunden. Weicht der Kunde einer Preisgabe derart persönlicher Daten aus, ist der Mißerfolg bereits vorprogrammiert.
- Es genügt nicht, wenn nur vorgefertigte Standardprodukte präsentiert werden, insbesondere Fonds, deren Ausgabeaufschläge (häufig 5 % der Anlagesumme) und Verwaltungsgebühren die Rendite gegenüber einem entsprechenden Direktinvestment spürbar verringern.

- Der in manchen Börsensituationen einzig richtige Rat, einen geeigneteren Einstiegszeitpunkt abzuwarten, darf im Beratungsgespräch kein Tabu sein.
- Dem Anlageinteressenten muß deutlich werden, warum er sich für das eine oder gegen das andere Wertpapier entscheiden soll. Der Berater darf nicht als „Black Box" handeln, deren Entscheidungskriterien im Dunkeln bleiben.

Es drängt sich mithin der Schluß auf, daß bei der Geldanlage – wie in vielen anderen Lebensbereichen – die mit der nötigen Einsatzbereitschaft umgesetzte Eigeninitiative zum Königsweg avancieren kann.

Das Wichtigste für den Einstieg

Die Börse läßt sich ganz allgemein als ein Marktplatz beschreiben, der dem An- und Verkauf von Wertpapieren dient.

Diese nur scheinbar triviale Definition beinhaltet die Erkenntnis, daß Wertpapiere – eben wie auf einem Wochenmarkt – allein aufgrund des Wechselspiels von Angebot und Nachfrage ihren jeweiligen Preis finden.

Die Marktdynamik bestimmt das Geschehen

Das Wechselspiel von Angebot und Nachfrage ist so bestimmend wie wohl auf keinem anderen Markt. So kann es vorkommen, daß fundamentale Unternehmenskennzahlen (mit deren Analyse sich Scharen von Spezialisten beschäftigen) durch eine entgegengesetzte Marktpsychologie überkompensiert werden. D. h. ein Wertpapier kann weit über, aber auch weit unter seinem fairen Wert notieren.

Das bedeutet im Umkehrschluß: Ein Anleger, der ein gutes Gespür für die (häufig irrationalen) Stimmungsschwankungen an der Börse entwickelt, hat bereits einen sehr soliden Grundstein für erfolgreiche Dispositionen gelegt. Die Börse ist nicht berechenbar – und gerade deshalb so attraktiv.

Was wird an der Börse gehandelt?

- Häufig unterschätzt werden die verzinslichen *Anleihen* oder *Rentenpapiere*, denen zu Unrecht der Ruf als „Rentner-Papiere" nachgeht. Gerade das Anleihengeschäft weist viele Gestaltungsmöglichkeiten auf, die von den meisten potentiellen Anlegern unterschätzt werden. Allerdings bedarf es einer sehr genauen Analyse der Chancen und Risiken sowie der jeweiligen Marktsituation.
- Wer sich an der Börse engagieren will, muß sich vor allem über die Mechanismen und Risiken eines Anlageinstruments aufklären lassen: Der *Optionsschein* ist ein ebenso gefährliches wie verführerisches Spekulationsinstrument.
- Auch *Devisen* haben ihren Markt an der Börse. In vielen Fällen wird der Investor feststellen, daß sein geplantes Engagement zusätzlich eine eingehende Beschäftigung mit dem Auf und Ab der Währungskurse erfordert. Selbst Anleger, die den Bereich der DM-Papiere nicht verlassen, müssen die Umrechnungskurse als marktbewegenden Faktor im Auge behalten.

- Das klassische börsennotierte Anlageinstrument ist die *Aktie*, die nicht nur dem Anleger hohe Renditen bieten kann, sondern der Wirtschaft auch die nötigen liquiden Mittel verschafft.

■ *Die Notierung der Kurse findet bislang noch auf zweierlei Weise statt: Bei der* fortlaufenden Notierung *werden über den gesamten Börsentag in gewissen Zeitabständen mehrere Kurse festgestellt. Für manche Aktien wird nur ein Preis pro Tag ermittelt, der sogenannte* Kassakurs. ■

Trends im Börsengeschehen

■ *Wir befinden uns derzeit national wie international in einer Übergangsphase vom klassischen* Parketthandel *zwischen Maklern, die per „open outcry" ihre Geschäfte „von Mensch zu Mensch" abwickeln, hin zu einem computerisierten elektronischen Handel, bei dem sich Angebot und Nachfrage im Datennetz finden.* ■

Der Computerhandel löst die Präsenzbörse ab

In Deutschland existieren momentan Präsenz- und Computerbörse nebeneinander. Dabei ist das elektronische System *Xetra* (Exchange Electronic Trading) für die umsatzstärkeren Titel zuständig, während über die *Präsenzbörse* die wenig(er) gefragten Werte gehandelt werden.

Schon heute erscheint die Verlagerung immer größerer Umsatzanteile auf EDV-gestützte Handelssysteme unumkehrbar, so daß die Tage der Präsenzbörse wohl auch in Deutschland gezählt sein dürften. Im Nachbarland Schweiz wurde bereits zum August 1996 der gesamte Handel auf elektronische Basis umgestellt.

Bald nur noch in Frankfurt?

Ein weiteres Zeichen der Zeit ist die weitgehende Konzentration der Börsenaktivitäten auf die „Finanzhauptstadt" Frankfurt, die große Teile des gesamten Handelsvolumens auf sich vereint. Die kleineren Börsen versuchen, dieser Entwicklung durch Nischen-Angebote wie Aktien kleinerer ausländischer Gesellschaften oder auch durch besonderen Service Einhalt zu gebieten.

Eine ganz neue Konkurrenz droht den etablierten Börsen durch verschiedene „Handelsplattformen" im Internet.

Es wird daher darauf ankommen, durch eine enge Kooperation der europäischen Börsen und weitgehende Kompatibilität ihrer Handelssysteme und -usancen die Zukunftsfähigkeit der (klassischen) Institution Börse zu gewährleisten.

Die Aktie – Klassiker mit „Langzeit-Erfolgsgarantie“

Zahlreiche Studien belegen, daß es sich bei der Aktie um das auf lange Sicht bei weitem renditestärkste Anlageinstrument handelt.

Dies gilt für Deutschland ebenso wie für den internationalen Markt. Vor allem bei einem Vergleich der Ergebnisse nach Steuern schlägt die Aktie ihre Konkurrenten aus dem Feld.

Auch die Wirtschaft profitiert von der Möglichkeit der Aktienausgabe; damit beschafft sie sich liquide Mittel, ohne belastende Zinszahlungsverpflichtungen eingehen zu müssen. Dies erklärt, wieso der Aktie ihr historischer Durchbruch im 19. Jahrhundert gelingen konnte: Damals galt es, riesige Investitionssummen für die Industrialisierung und den Aufbau der dafür unerläßlichen Eisenbahn-Infrastruktur aufzubringen.

Die Aktienanlage – eine Spekulation?

Aufgrund der in jedem Fall kurz- und mittelfristig möglichen Kursverluste bleibt festzuhalten, daß Aktien Risikopapiere sind, der Einsatz also nicht mit Sicherheit und vor allem nicht zu jedem Zeitpunkt wieder voll realisiert werden kann.

Ein wesentlicher Grund für die allgemeine Skepsis gegenüber der Aktie dürfte in einer deutlichen Überschätzung ihres spekulativen Charakters liegen. Tatsächlich hat der Anleger sogar die Wahl, ob er sich am Aktienmarkt ganz bewußt als Spekulant oder aber als Sparer betätigen will.

Wie sieht eine Aktie aus?

Eine Aktie besteht aus dem *Mantel,* der als eigentliche Urkunde das Hauptrecht verbrieft und als Anteilsbescheinigung dient, sowie dem *Bogen*, aus dem die Ansprüche auf Gewinnanteile bzw. Zinsen hervorgehen. Der *Bogen* verbraucht sich mit den Jahren und wird dann durch Einreichen des beigefügten Erneuerungsscheins ersetzt. Aus organisatorischen und sicherheitstechnischen Gründen ist es heute allgemein üblich, Aktien und andere Wertpapiere nicht im heimischen Tresor aufzubewahren, sondern in Form von Wertpapierkonten bei Banken oder Brokern zu führen.

Die Marktsegmente

Die Börsen bemühen sich, mittels einer Segmentierung des Gesamtmarkts dem Anleger die Orientierung zu erleichtern.

So hat sich z. B. die Deutsche Börse vor einigen Jahren entschlossen, das bislang ausschließlich an Zulassungskriterien ausgerichtete Einteilungssystem unter verstärkter Berücksichtigung anlagerelevanter Kriterien zu novellieren.

Erster Schritt auf diesem Weg war 1997 der *Neue Markt*, der vorrangig jungen technologielastigen Unternehmen offensteht und sich an spekulativ eingestellte Investoren mit erheblicher Risikobereitschaft wendet.

1999 folgte der *Smax*, der branchenübergreifend kleineren Aktiengesellschaften die Möglichkeit bietet, sich – durch eine intensivere Öffentlichkeitsarbeit und weitere Verpflichtungen – gegenüber dem Anleger aus der Masse der „Minis" hervorzuheben.

Letzteren stehen auf der anderen Seite die großen Standardwerte (im Dax enthalten) sowie die mittelgroßen Gesellschaften (M-Dax) gegenüber.

Weitere Unterteilungen sind in Planung.

Aktienkultur im Aufbruch

Der große, auch international anerkannte Erfolg des Neuen Markts (Mitte 2000 gab es dort bereits mehr als 200 Werte) wäre ohne nachhaltige Popularisierung der Aktie in Deutschland nicht möglich gewesen.

In den Medien sind Berichte über Indexstände, auffällige Kursbewegungen oder deren mögliche Einflußfaktoren (wie etwa Beratungen der Zentralbank) zur Selbstverständlichkeit geworden, und das Internet bietet dem Privatanleger zum ersten Mal die Chance, seinen Informationsrückstand gegenüber den Profis auf ein kaum mehr ins Gewicht fallendes Maß zu verringern; durch die Orderabwicklung im Netz – in Zusammenarbeit mit einem *Discountbroker* – lassen sich Transaktionskosten und -zeiten minimieren.

Rechte und Chancen des Aktionärs

Der Anleger erwirbt mit dem Kauf einer Aktie eine Beteiligung am Eigenkapital der AG, damit also unter anderem das Recht, über *Dividenden*zahlungen und Substanzmehrung am Unternehmensgewinn beteiligt zu werden.

Wenn Sie Stammaktien erwerben

Daneben fallen ihm weitere Rechte zu, die sich aus seiner Miteigentümer-Rolle ableiten. Jeder Halter von *Stammaktien* ist aufgerufen, auf der jährlichen Hauptversammlung, die das beschlußfassende Organ einer AG darstellt, sein Stimmrecht auszuüben. Bei der Entscheidung über die verschiedenen Tagesordnungspunkte geht es z. B. um

- die Wahl des Aufsichtsrats,
- die Entlastung von Vorstand und Aufsichtsrat,
- die Annahme des Vorschlags zur Gewinnverwendung (Dividendenausschüttung und/oder Thesaurierung).

Eingeschränkte Rechte bei Vorzugsaktien

Für die *Vorzugsaktien* gelten abweichende Regelungen. Sie sind stimmrechtslos und verwehren somit dem Besitzer die Teilnahme an der Hauptversammlung. In den Augen vieler ausländischer Marktteilnehmer erscheinen sie daher als weniger attraktiv. Somit ist ihr potentieller Interessentenkreis eingeschränkt, was wiederum zu einem abweichenden Markt verhalten führt. Vorzugsaktien weisen diesbezüglich Parallelen zu den Nebenwerten auf.

Als Ausgleich für das fehlende Stimmrecht verfügen Vorzugsaktien über eine weitergehende Dividendenberechtigung als die „Stämme"; sie kann in einer erhöhten oder sogar garantierten (ggf. nachzuzahlenden) Gewinnausschüttung liegen.

■ *Trotz höherer Dividenden notieren Vorzugsaktien zumeist mehr oder weniger deutlich unter den Stammaktien.* ■

Weitere Aktienarten

Seit kurzem tritt auch in Deutschland eine Aktiengattung vermehrt in Erscheinung, die auf unserem Markt lange Zeit kaum eine Rolle gespielt hat: die Namensaktie (z. B. Allianz, Daimler-Chrysler, Lufthansa, Deutsche Bank, Deutsche Telekom . . .). Jetzt droht sie sogar, der bislang ganz überwiegend anzutreffenden *Inhaberaktie* den Rang abzulaufen. So gehen Schätzungen davon aus, daß bis zum Jahr 2004 bereits bis zu 80 % der Dax-Unternehmen auf Namensaktien umgestellt haben könnten.

Anders als von den Inhaberaktien bekannt, verfügt der Käufer von Namensaktien nicht unmittelbar über alle erworbenen Aktionärsrechte. Vielmehr muß er, um sein Stimmrecht ausüben zu können, mit Namen, Anschrift, Beruf, Nationalität und Depotbank im Aktionärsregister der Gesellschaft erfaßt sein.

Im Falle der (seltenen) *vinkulierten Namensaktien* muß dieser Eintrag von der Gesellschaft anhand genau definierter Kriterien geprüft und genehmigt werden.

All diese Vorgänge laufen – dank EDV – normalerweise so schnell und unproblematisch ab, daß der Erwerber sie gar nicht wahrnimmt.

■ *Die Ausgabe von* Namensaktien *versetzt eine AG in die Lage, ihre Aktionäre direkt zu kontaktieren.* ■

So kann sie Informationsmaterial zur Aktie, aber auch zu ihren Produkten, ohne Umweg über Depotbanken gezielt an jeden Kleinanleger versenden. Es erscheint verständlich, daß sich die Gesellschaften für solche zusätzlichen Möglichkeiten interessieren und sich deshalb in der Regel gern dem neuen Trend anschließen werden.

Im Ausland dominiert die Namensaktie übrigens bereits heute.

Kursgewinne machen Aktien attraktiv

Dividendenausstattung und Stimmrecht sind natürlich interessante Aspekte, die dem Anleger ein Aktieninvestment schmackhaft machen können. Darüber sollte jedoch nicht vergessen werden: das Hauptmotiv eines Privatinvestors für den Kauf von Aktien liegt normalerweise in seiner Hoffnung auf Kursgewinne.

■ *Der Ertrag eines Engagements in Aktien hängt weniger von der Höhe der Dividende ab als vielmehr von dem Kursgewinn, der aus Kauf und Verkauf der Papiere entstehen kann.* ■

Der deutsche Gesetzgeber stellt Kursgewinne – nach Ablauf einer „Spekulationsfrist" von 12 Monaten – im Unterschied zu Dividenden von jeglicher Einkommensbesteuerung frei. Damit erscheint eine Strategie zur Maximierung von Kursgewinnen, auch unter Inkaufnahme geringerer Dividendenzahlungen, nur vernünftig.

Ein weiterer Grund spricht dafür, die *Dividendenrendite* gegenüber dem Kursgewinn nicht überzubewerten: Unternehmen, die große Teile ihres Gewinns an die Aktionäre ausschütten, vernachlässigen unter Umständen die Substanzstärkung und laufen so Gefahr, durch ungenügende (aktive wie passive) Zukunftsvorsorge in späteren Jahren gegenüber der Konkurrenz ins Hintertreffen zu geraten.

Der Nennwert – nur eine Rechengröße

Der Aktiennennwert verliert immer mehr an Bedeutung.

Derzeit existieren nebeneinander Papiere mit DM-, Euro- und ohne Nennwert. Der Anleger darf diese Vielfalt der Erscheinungsformen durchaus ignorieren, ohne Nachteile befürchten zu müssen.

Insgesamt verläuft die Entwicklung in Richtung der nennwertlosen **Stückaktie**, die nicht einen Euro-Betrag am Grundkapital der Gesellschaft, sondern einen bestimmten Bruchteil des Unternehmens verbrieft.

Indizes – Barometer des Aktienmarkts

Für den Anlageerfolg spielt neben der Auswahl des „richtigen" Wertpapiers das Timing eine wesentliche Rolle. Zu welchem Zeitpunkt ein Engagement ideal ist, hängt aber nicht nur von der Entwicklung der AG, sondern auch vom Gesamtmarkt ab.

■ *Aktienindizes ermöglichen die Zusammenfassung der Kursverläufe zahlreicher AG's in einem einzigen numerischen Wert, dessen Verlauf gemeinhin graphisch (als Chart) dargestellt und ausgewertet wird.* ■

Damit ist den Börsianern ein Instrument an die Hand gegeben, das sie auf einen Blick über den Marktverlauf informiert.

So hat beispielsweise der Deutsche Aktienindex *DAX* seit seinem (zurückgerechneten) Startpunkt Ende 1987 bei 1000 Punkten bis Ende 1999 innerhalb von 12 Jahren um fast 600 % zugelegt.

Aufschlußreich für den Anleger kann nun sowohl ein internationaler Vergleich sein (Beispiel: Das wichtigste japanische Börsenbarometer, der *Nikkei-225*, verlor von Ende 1989 bis Ende 1999 über 50 %) als auch die parallele Betrachtung von Einzelwerten und/oder speziellen Branchenindizes im Vergleich zum Gesamtmarkt (lief Daimler-Chrysler besser oder schlechter als „die deutschen Autos", besser oder schlechter als der DAX?).

■ *Doch die Indizes sind heute nicht mehr nur ein Spiegelbild der Kursverläufe, sie können sogar selbst Einfluß auf die Entwicklung einer Aktie nehmen.* ■

Die großen institutionellen Anleger (mit den Fonds an der Spitze) sind häufig per Statut gezwungen, mit den ihnen zufließenden erheblichen Mitteln Index-Zusammensetzungen nachzubilden.

Die (Ankündigung der) Aufnahme einer AG in einen wichtigen Index wird also zwangsläufig kurstreibende Käufe auslösen, ihre Herausnahme durch Verkäufe den Kurs drücken.

Übersicht: die wichtigsten nationalen Aktienindizes

- DAX 30; dieser bedeutendste Index gibt Auskunft über die Gesamtverfassung der 30 wichtigsten AGs
- M-DAX; eine Meßlatte der mittelgroßen AGs
- DAX 100; umfaßt DAX 30 und M-DAX
- S-DAX, die 100 wichigsten kleinen AGs
- V-DAX für die Markt*volatilität*; er gibt Auskunft über die Schwankungsintensität der Kurse
- NEMAX, umfassender Index des Neuen Makts
- NEMAX 50, die Top 50 des Neuen Markts

Der DAX – auf ihn kommt es an

Dem Deutschen Aktienindex kommt eine überragende Bedeutung zu. Der DAX wird während der Präsenzbörse im 15-Sekunden-Takt berechnet und als Kurve auf einer großen Anzeigetafel veröffentlicht. Sie finden ihn täglich im Wirtschaftsteil der Tageszeitung. Eigentlich handelt es sich um eine ganze DAX-Familie; neben dem DAX 30, der meist nur kurz „DAX" genannt wird, gibt es eine ganze Reihe weiterer Indizes, die anders aufgebaut sind und teilweise andere Zielsetzungen verfolgen.

■ *Um sich einen Eindruck vom Geschehen am deutschen Aktienmarkt zu verschaffen, genügt es in der Regel, den DAX 30 zu verfolgen. Er beinhaltet jene 30 Werte, die sich (vor allem) aufgrund ihrer Börsenumsätze und* Marktkapitalisierung *als die bedeutendsten qualifizieren.* ■

Für alle Indizes finden regelmäßig Überprüfungen der Zusammensetzung statt. So bestand der DAX 30 im Juni 2000 aus:

Adidas-Salomon, Allianz, BASF, Bayer, BMW, Commerzbank, Daimler-Chrysler, Degussa-Hüls, Deutsche Bank, Deutsche Telekom, Dresdner Bank, E.ON, Fresenius Medical Care, Henkel KGaA, Hypo-Vereinsbank, Infineon, Karstadt-Quelle, Linde, Lufthansa, MAN, Mannesmann, Metro, Münchner Rück, Preussag, RWE, SAP, Schering, Siemens, Thyssen Krupp und VW.

Umsätze und Kapitalisierung der AG entscheiden übrigens nicht nur über die generelle Aufnahme in den DAX, sondern beeinflussen auch die Gewichtung; Telekom oder Mannesmann etwa bestimmen den DAX stärker als die Karstadt-Aktie.

Kursindex vs. Performanceindex

Neben dem DAX, den es seit 1988 gibt, hat sich vor allem der schon erheblich länger von der Frankfurter Allgemeinen Zeitung veröffentlichte FAZ-Index, der 100 Werte umfaßt, als vielbeachtetes Marktbarometer behaupten können. Verfolgt man beide Indizes über einen größeren Zeitraum, so stößt man auf zunächst vielleicht etwas unerklärlich erscheinende Differenzen.

Vergleichsbeispiel FAZ-Index – DAX

	28.12.1990	30.12.1999
FAZ-Index	603,06	2 163,50
		(+258,8%)
DAX	1 398,23	6 958,14
		(+397,6%)

Es fällt auf, daß der DAX erheblich stärker gestiegen ist als der FAZ-Index. Der Grund liegt weniger in der unterschiedlichen Zusammensetzung als vielmehr in der Ausgestaltung des DAX als *Performance-Index*. Das bedeutet, er mißt nicht nur die reine Kursbewegung, sondern die sich für den Aktionär ergebende Gesamtrendite unter Berücksichtigung von *Nettodividenden* und *Bezugsrechten*. Wenn also allein aufgrund einer Dividendenzahlung oder durch die Abtrennung des (dann selbständig handelbaren) Bezugsrechts der Kurs einer DAX-Aktie fällt, so wird der DAX dahingehend korrigiert, daß er den sich rechnerisch ergebenden Abschlag nicht mitmacht. Der FAZ-Index gibt den Kursverlauf hingegen unkorrigiert wieder.

■ *Für einen sinnvollen Vergleich von Indexverläufen sollte daher ihr Charakter als* Kurs- *oder Performanceindex bekannt sein.* ■

Welche Indizes sind noch zu beachten?

- Angesichts der Globalisierung der Märkte ermöglichen erst ergänzende Informationen über den Verlauf der **internationalen Leitbörsen** eine realitätsnahe Beurteilung der Marktlage zum Börsenstart in Deutschland:
  - die Börse in New York, am Abend deutscher Zeit
  - die Börse in Tokio, am frühen Morgen bei uns

- Natürlich findet man Aktienindizes an allen etablierten Börsen dieser Welt. Wer über die aktuellen und einige historische Werte der wichtigsten Indizes verfügt, kann praktisch zu jedem Zeitpunkt eine erste Ad hoc-Einschätzung der gegenwärtigen Marktsituation vornehmen. Die wichtigsten **internationalen Indizes** sind:
  - Dow Jones Industrial Average, S&P 500 und *NASDAQ* in New York
  - Nikkei-225 in Tokio
  - FT-SE100 in London
  - CAC-40 in Paris.

Die Einführung der europäischen Einheitswährung Euro führt dazu, daß der Anleger die Aktienmärkte der beteiligten Länder verstärkt als eine Einheit erlebt, denn im gesamten „Euroland" notieren die Wertpapiere nun in der gleichen, ihm inzwischen vertrauten Währung.

Tatsächlich erwartet man für die Zukunft ein (noch) stärkeres Zusammenwachsen der nationalen Märkte, eine Entwicklung, die die Anbieter von Aktienindizes veranlaßte, neue, den gesamten Euroraum umfassende Kursbarometer zu kreieren.

Unter den recht zahlreichen derartigen Innovationen konnte sich die *Stoxx*-Familie der US-Gesellschaft Dow Jones (DJ) einen Popularitätsvorsprung vor der Konkurrenz sichern. Zu unterscheiden sind

- der umfassende Euro Stoxx (>300 Werte aus Euroland)
- der Euro Stoxx 50 (die Top 50 aus Euroland)
- der umfassende Stoxx (>600 Werte aus EU + Schweiz)
- der Stoxx 50 (die Top 50 aus EU + Schweiz)

■ *Die Betrachtung des Indexstandes allein erlaubt allerdings keine ausgewogene Beurteilung der Preiswürdigkeit eines Markts – ebensowenig genügt eine isolierte Sicht der Kursentwicklung für Einzelunternehmen. Vielmehr bedarf es zusätzlich der Berücksichtigung von Bewertungskennziffern, die den Kurs zu anderen Faktoren, wie etwa dem Gewinn der AG, in Beziehung setzen.* ■

Technische Aktienanalyse

Generell sind zwei grundverschiedene Ansätze der analytischen Bewertung von Aktien zu unterscheiden, die technische und die Fundamentalanalyse.

Die *technische Analyse* versucht, aus den historischen Kursverläufen Annahmen über die zukünftige Entwicklung abzuleiten. Sie bedient sich dazu eines umfangreichen Instrumentariums aus zwei Bereichen:

- den *Charts*, graphischen Darstellungen und aus ihnen abgeleiteten Formationen,
- den *Indikatoren*, algebraisch/geometrisch aufbereiteten Daten des Börsengeschehens.

Eigendynamik und Gesetzmäßigkeit der Kurse

Ein solcher Analyseansatz setzt voraus, daß man an Gesetzmäßigkeiten des Kursverhaltens, gleichsam an ein Eigenleben der Kurse glaubt, so daß die (fundamentalen) Bestimmungsfaktoren in den Hintergrund treten können. Doch auch derjenige, dem dieser Glaube fehlt, sollte die technische Seite bei seinen Dispositionen nicht vollkommen außer acht lassen. So dürfte beispielsweise schon die einfache Beachtung von zyklischen Hoch- und Tiefpunkten des Kursverlaufs manch einen Fehlgriff vermeiden helfen. Umfangreiche Ausführungen zur technischen Analyse finden sich in einschlägigen Standardwerken zur Börse.

Grundgerüst zur Fundamentalanalyse

▪ *Die* Fundamentalanalyse *bedient sich einer Vielzahl von Unternehmensdaten („Kennzahlen"), die zu verschiedenen Aspekten der Börsensituation der AG in Beziehung gesetzt werden.* ▪

Für den Privatanleger sind allerdings nicht immer alle benötigten Daten leicht zu erhalten. Gerade die komplexeren Kennzahlen sind außerdem hinsichtlich ihrer Aussagekraft nicht immer unumstritten; daher soll es hier genügen, mit leicht zugänglichen Daten ein Grundgerüst der Fundamentalanalyse vorzustellen.

Die Dividendenrendite – ein wichtiges Instrument der Fundamentalanalyse

▪ *Einen guten Einstieg vermittelt die – ebenso leicht recherchierbare wie verständliche – Dividendenrendite. Sie errechnet sich als Quotient aus der Jahresdividende und dem momentanen Kurs der AG.* ▪

So berechnen Sie die Dividende

Zunächst ist zu klären, in welcher Höhe die Dividende zu berücksichtigen ist.

Denn zumindest nach der momentan (Mitte 2000) geltenden Gesetzeslage erhält der Aktionär neben der *Bardividende* (oder Nettodividende) eine Gutschrift jener Körperschaftssteuer, die die AG auf den ausgeschütteten Gewinn entrichtet hat (bei den aktuellen Steuersätzen handelt es sich um 3/7 der Bardividende). Beide Bestandteile zusammen ergeben die *Bruttodividende*:

Bardividende + Körperschaftssteuerguthaben
= Bruttodividende

Da jedoch nicht wenige Gesellschaften die Dividende zum Teil oder insgesamt aus im Ausland erzielten Gewinnen bezahlen, für die keine inländische Körperschaftssteuer angefallen ist, oder über Verlustvorträge verfügen (in deren Höhe der Gewinn ebenfalls steuerfrei bleibt), muß sich der Aktionär in solchen Fällen mit der bloßen Bardividende bzw. einer geringeren Körperschaftssteuergutschrift zufriedengeben, ein Umstand, der sich naturgemäß auf die Dividendenrendite auswirkt. In Aktienanalysen wird meistens die Netto-Dividendenrendite ausgewiesen.

Nach derzeitigem Planungsstand ist von seiten des Gesetzgebers für die Zukunft eine grundlegende Neuausrichtung der Gewinn(ausschüttungs)besteuerung vorgesehen.

So soll die Rückerstattung der von den Unternehmen gezahlten Körperschaftssteuer an die Aktionäre ab 2001 entfallen, im Gegenzug wird dann auf Aktionärsseite die erhaltene Dividende nur noch zur Hälfte der Besteuerung unterworfen.

Eine Unterscheidung zwischen Brutto- und Nettodividende würde sich erübrigen.

Was sagt die Dividendenrendite aus?

- Sie weist bei einer Aktieninvestition den Teil der Jahresrendite aus, der allein auf die Dividendenzahlung zurückzuführen ist.
- Sie stellt einen Vergleichswert zu konkurrierenden Aktien und Anleihen dar.
- Erreicht der Wert eine bestimmte Höhe, so kann er u. U. den Aktienkurs stützen (Kursnetz).
- Die Dividendenhöhe im Verhältnis zum Jahresgewinn (pro Aktie) gibt Auskunft über die Rücklagenpolitik einer Gesellschaft (*Thesaurierung*).

Die Errechnung des Dividendenwertes lohnt sich also, um eine Vergleichsbasis mit konkurrierenden Papieren und (Bundes-)Anleihen verschiedener Laufzeit zu erhalten. Nicht selten fällt allein schon die Dividendenrendite höher aus als die Verzinsung eines solchen Rentenpapiers.

Beispiel

Am deutschen Markt weisen – unter den *Standardwerten* – die Aktien der Großchemie oder der Commerzbank im langjährigen Vergleich eine höhere Dividendenrendite auf, während etwa Versicherungswerte eher geringe Jahreszahlungen bieten.

■ *Häufig sind es gerade kleinere Unternehmen (*Nebenwerte *oder* small caps*), die sich über eine hohe Ausschüttung (u. U. des gesamten Gewinns) als attraktive Investments zu empfehlen versuchen.* ■

Die Dividende ist ein Hinweis auf Kursnetz und Thesaurierung

Die Dividendenrendite ist nicht nur das Maß für die Jahresrendite einer Aktie, sondern kann auch Hinweise auf ein möglicherweise vorhandenes „Kursnetz" geben.

Erreicht die Dividendenrendite eine bestimmte Höhe, so bildet sie eine Stütze für den Aktienkurs, die das Risiko eines Engagements in dem betreffenden Wert verringern kann. Allerdings handelt es sich bei dieser „bestimmten" Höhe nicht um einen absoluten Wert. So müssen kleinere oder weniger bekannte Unternehmen zumeist deutlich höhere Dividenden bieten, um in den Genuß eines solchen „Kursnetzes" zu gelangen, als bekannte Unternehmen bzw. Standardwerte (die sog. *„blue chips"*). Daneben spielen auch Faktoren wie die Zugehörigkeit zu einer Branche oder einem nationalen Markt eine Rolle.

Weiterhin erscheint es zweckmäßig, die Dividendenhöhe einer AG nicht losgelöst von ihrem Jahresgewinn (pro Aktie) zu beurteilen. Eine Gesellschaft, die große Teile ihres Gewinns ausschüttet, vernachlässigt mitunter die Thesaurierung, d. h., sie behält zu wenig Mittel für zukunftssichernde Maßnahmen (Forschungs- und Entwicklungsanstrengungen u. v. a.) ein. Der Investor muß mithin entscheiden, mit welcher Art der Gewinnverwendung sich ein Unternehmen am ehesten für eine Aufnahme in sein Depot qualifiziert.

Warum die Dividendenrendite gerade für den Börsenneuling interessant ist

Generell gilt für die Dividendenrendite wie für jedes andere Entscheidungskriterium: Sie ist nur *ein* Mosaiksteinchen bei der Bewertung verschiedener Investmentalternativen. Ihre Funktionen, die vergleichsweise leichte Verfügbarkeit der benötigten Daten sowie die unkomplizierte Anwendung machen sie gleichwohl zu einem hilfreichen Werkzeug gerade für den engagierten Börsenneuling.

Allerdings muß man immer berücksichtigen, daß die Berechnung der Dividendenrendite grundsätzlich unter der Annahme erfolgt, die Höhe der nächsten Dividende sei mit hinreichender Sicherheit bekannt. Abweichende Entscheidungen von Unternehmensseite führen nicht selten zur Enttäuschung des einzelnen Anlegers wie auch des gesamten Marktes; in einem solchen Fall leidet dann nicht nur der jährliche Dividendenertrag, vielmehr dürfte sich auch das Kursniveau des betreffenden Wertes auf ein niedrigeres Level zubewegen.

Das Kurs-Gewinn-Verhältnis

Eine weitere gängige Kennziffer der Fundamentalanalyse ist das *Kurs-Gewinn-Verhältnis* (kurz KGV), das zuweilen auch unter seinem amerikanischen Namen *price/earnings* (kurz p/e) geführt wird.

Berechnung des KGV

Der (momentane) Kurs einer Aktie wird zu dem auf diese eine Aktie entfallenden Gewinn der AG in Beziehung gesetzt, und zwar in der Regel auf den geschätzten Gewinn des laufenden oder sogar des folgenden Jahres.

$$\frac{\text{Kurs}}{\text{Gewinn / Aktie}} = \text{KGV}$$

Beispiel: KGV-Berechnung

Von der BASF AG laufen derzeit ca. 630,28 Mio. Aktien um. Der Gewinn (nach Steuern) für 2000 wird von Analysten auf rund 1,9 Mrd. EUR geschätzt, entsprechend etwa 3 EUR/Aktie. Der BASF-Kurs von aktuell knapp 50 EUR geteilt durch den Gewinn von 3 EUR/Aktie ergibt ein (2000er) KGV von etwa 16,6.

Die auf diese Art ermittelten Werte sind leider nur eingeschränkt vergleichbar, denn auch hier gilt es, Einflußfaktoren wie die Zugehörigkeit zu einer Branche oder einem nationalen Markt zu berücksichtigen. Zudem weisen z. B. typische Wachstumsunternehmen wie etwa die SAP AG eine höhere Marktbewertung und damit ein höheres KGV auf als etwa Unternehmen der Grundstoffindustrie.

KGV in seinem historischen Verlauf bewerten

Es bietet sich daher an, vorrangig den historischen Verlauf des KGV eines einzelnen Wertes zu interpretieren, denn es gilt:

- *Je höher das KGV steigt, desto eher muß ein Kursrückschlag einkalkuliert werden.*

Dabei sind jedoch zusätzlich Einflußfaktoren außerhalb des Aktienmarktes einzubeziehen. So wird die Börse z. B. in Zeiten niedriger Renditen am Anleihemarkt den Aktien höhere KGVs zubilligen als sonst, da die schlechtere Verzinsung der Rentenpapiere die relative Attraktivität von Aktien erhöht.

Weitere Kennzahlen

Neben Dividendenrendite und KGV gibt es eine ganze Reihe weiterer Indikatoren, die jeweils einen kleinen Teilaspekt eines Unternehmens oder auch des Gesamtmarktes beleuchten. Nur zwei seien hier genannt:

- Im anglo-amerikanischen Raum wird gerne die *book-to-bill-ratio* als Maß für das Verhältnis der neu gekommenen zu den bereits ausgeführten Aufträgen in die Analyse einbezogen.
- Vielerorts gilt die überwiegend (über 50 %) pessimistische Meinung befragter Anlageberater zu einer Aktie als Kaufsignal. Dieser klassische *Kontra-Indikator* wird „negative opinion" genannt.

Diese Faktoren beeinflussen den Kurs

Die Aktienkurse werden von Faktoren aus unterschiedlichen Bereichen beeinflußt:

- Faktoren aus den Unternehmen selbst,
- branchenspezifische Faktoren,
- Faktoren, die den gesamten nationalen Markt betreffen,
- globale Faktoren.

Um Fehlanalysen zu vermeiden, sollten Sie jedoch beachten:

- Sowohl die Auswahl der jeweils wirksamen Parameter als auch die Stärke ihres Einflusses sind einem andauernden Wandel unterlegen.
- Eine Regel, die sich in einer Börsenphase als „goldene" erweist, kann den Investor wenig später in die Irre führen.

Daten und Maßnahmen aus den Unternehmen

- (Individuell) ausgewählte **Bilanzdaten** wie etwa der Gewinn aus gewöhnlicher Geschäftstätigkeit oder die Eigenkapitalquote gehören sicherlich zu den meistgenutzten Analyseinputs.
- Auch die **Kennziffern der Fundamentalanalyse** (Dividendenrendite, KGV und andere, siehe oben) sind für die Marktbewertung des Unternehmens bedeutsam.
- Konkrete **Einzelentscheidungen der Geschäftsführung** können die Börse zu sehr unterschiedlichen Reaktionen veranlassen. Strukturelle Veränderungen werden vorrangig nach ihren (erwarteten) Wirkungen auf die Produktivität beurteilt, so daß beispielsweise die Entlassung „überflüssiger" Arbeitskräfte positiv, der Aufbau bislang unerschlossener Geschäftsfelder wegen der damit verbundenen Risiken für die gewohnte Rendite negativ eingeschätzt werden können (aber nicht müssen).
- Vor allem an bestimmten ausländischen Börsen erweisen sich **Übernahmephantasien** häufig als kursstimulierend. Dies gilt beinahe regelmäßig für das jeweilige „Objekt der Begierde", während die auf den Käufer zukommenden Liquiditätserfordernisse auch schon einmal dämpfende Einflüsse auf den aktuellen Kursverlauf ausüben können.

Daß in der Tat ein und dieselbe Maßnahme – je nach den Begleitumständen – zu ganz unterschiedlichen Ausschlägen des Aktienkurses führen kann, zeigt sich besonders deutlich, wenn eine AG eine Kapitalerhöhung bekanntgibt, also neue Aktien ausgibt.

Branchenspezifische Faktoren

- Spezielle Marktsituationen lassen es zuweilen aussichtsreich erscheinen, über die **Auswahl einer Branche** an der erwarteten Preisentwicklung eines bestimmten Gutes zu partizipieren. Häufig handelt es sich hierbei um Rohstoffe wie (Edel-)Metalle oder Rohöl, doch sind auch bei Produkten aus dem Industrie- und Dienstleistungssektor interessante preis- und gewinntreibende Nachfragespitzen denkbar.
- Gelegentlich führen **Trends in Wirtschaft und Gesellschaft** zu Kursexplosionen, wie dies in letzter Zeit häufig bei Internet-Aktien zu beobachten war.
- Durch die unterschiedliche Abhängigkeit der Geschäftsergebnisse verschiedener Branchen von externen Faktoren (etwa Zins- oder Devisenentwicklungen) ergibt sich eine *Branchenrotation*: So gelten z. B. exportorientierte Industriewerte in Zeiten anziehender Kurse für wichtige Handelswährungen als aussichtsreicher, während etwa Banken und Versicherungen eher in einem Umfeld niedriger Zinsen bevorzugt werden. Ein wesentlicher Grund hierfür liegt in den Kursgewinnen, die die milliardenschweren Anleihedepots von Banken und Versicherungen in Zeiten sinkender Zinsen aufweisen.

Nationale Faktoren

- Die **Zinsentwicklung** (der Rentenpapiere) sollte aufgrund ihrer ebenso häufigen wie effektiven Wirkung auf die Stimmung am Aktienmarkt bei keiner Analyse außer Acht gelassen werden. Ihr hohes Maß an Einflußnahme erklärt sich aus der unmittelbaren Konkurrenz beider Wertpapiergattungen zueinander. Generell verlangt der Investor zu Recht, daß er für sein Engagement im Risikopapier Aktie mit einem prognostizierten Renditeplus (von z. B. 50 %) gegenüber den in ihrem Ertrag berechenbaren und damit sichereren Anleihen belohnt wird. Je höher das Zinsniveau der Anleihen, desto schwerer muß es den Aktien fallen, eine als ausreichend erachtete Zusatzchance zu bieten. Dieser Effekt hat sich im Laufe der Zeit gewissermaßen verselbständigt, d. h. die (wichtige) psychische Verfassung der Teilnehmer am Aktienmarkt leidet automatisch unter steigenden Zinsen.

- Daneben gibt es Auswirkungen von seiten des **Devisenmarkts.** Insbesondere Bewegungen des US-$ (aber auch starke Veränderungen im europäischen Umfeld wie etwa beim britischen £) beeinflussen tendenziell die Wettbewerbsfähigkeit der deutschen Industrie, so daß eine zu starke eigene Währung dem heimischen Aktienmarkt eher schadet als nützt.

- **Staatliche Wirtschaftsdaten**: Die Aussichten der Dividendenpapiere – im Sprachgebrauch der Börse als Synonym für „Aktie" verwendet, unabhängig davon, ob die betreffende AG tatsächlich Ausschüttungen vornimmt – verbessern sich, wenn mit einem Anziehen der **Konjunktur** gerechnet werden kann (also am zyklischen Tief des Wirtschaftsgeschehens!); eine sinkende **Inflation** oder **geringere Staatsverschuldung** wird sich über die Erwartung niedriger Zinsen positiv auswirken usw.

Globale Faktoren

- Die **einzelnen nationalen Märkte** reagieren in vielerlei Hinsicht aufeinander. So ruft eine Zinserhöhung am amerikanischen Rentenmarkt beispielsweise häufig eine ähnliche Reaktion in anderen Ländern hervor.
- Abgesehen davon zeigt sich insbesondere im Falle größerer Krisen die **globale Vernetzung der internationalen Finanzmärkte.** Es sei hier nur an die Ölpreisexplosionen der 70er Jahre, den Golfkrieg 1990 oder die Asienkrise erinnert. Generell ist allerdings zu beobachten, daß Vorzugsaktien, vor allem aber Nebenwerte, internationalen Tendenzen (aber auch den Bewegungen des heimischen Hauptmarkts) weniger strikt folgen als die von Ausländern bevorzugten blue chips. Dabei können sich auch Aktien von Großkonzernen wie small caps verhalten, sofern ihr Kapital zum großen Teil in festen Händen liegt.

So werden Kurse ermittelt und notiert

Wie kommen nun die Kurse, bestimmt durch das Wechselspiel von Anbietern und Interessenten, zustande? Die beiden Marktseiten werden an der Börse zusammengeführt, indem der Makler den Gleichgewichtskurs ermittelt, der den Tagesgegebenheiten am besten gerecht wird.

■ *Die Ermittlung des Kurses erfolgt mit dem Ziel einer Umsatzmaximierung; es wird mithin jenes Preisniveau gesucht, bei dem sich Angebot- und Nachfragemengen möglichst exakt entsprechen.* ■

Beispiel Kursermittlung

1 In unserem Beispiel (siehe folgende Tabelle) liegen dem Makler Kaufaufträge über 260 und Verkaufsaufträge über 252 Aktien einer AG vor, und zwar mit der in der Tabelle wiedergegebenen Limit-Staffel.

2 Er hat nun nacheinander zu berechnen, welche Umsätze sich ergäben, wenn die aufgeführten Limits als Kurs zustandekämen.

3 Bei einem Kurs von 200 EUR könnten zwar (theoretisch) alle Kaufaufträge ausgeführt werden (= 260 Aktien), die Verkaufsbereitschaft wäre jedoch auf 100 unlimitierte und 10 weitere Stück zu 200 EUR beschränkt; es ergäbe sich nur ein Umsatz von 110 Aktien.

4 Würde der Makler in einem ersten Schritt den Kurs auf 202 EUR erhöhen, so gingen ihm auf der Käuferseite 30 Einheiten verloren (nämlich jene Aktien, die nur zu maximal 200 EUR gekauft werden sollen), während andererseits keine Verkaufsmengen hinzukämen. Der Umsatz würde weiterhin 110 nicht übersteigen.

Ein Zahlenbeispiel zur Kursermittlung

	Kurs/Limit Euro	Kaufaufträge in Stück		Verkaufaufträge in Stück		Umsatz Stück
		je Limit	kumuliert	je Limit	kumuliert	
1	bestens	–	–	100	100	0
2	200	30	260	10	110	110
3	202	10	230	0	110	110
4	205	20	220	25	135	135
5	206	10	200	0	135	135
6	208	10	190	0	135	135
7	210	40	180	20	155	155
8	215	30	140	25	180	140
9	217	0	110	12	192	110
10	219	0	110	10	202	110
11	220	10	110	50	252	110
12	billigst	100	100	–	–	0

5 Schließlich erreicht er einen Preis (215 EUR, Zeile 8), bei dem der resultierende Umsatz nicht mehr steigt, sondern fällt; daraus kann er ableiten, daß der in der Zeile zuvor ermittelte Umsatz von 155 Stück der maximal erreichbare ist, so daß er den Kurs auf 210 EUR festlegen wird.

Ergebnis: Die Kursnotiz lautet 210 EUR bG, d. h. es liegen mehr Kaufaufträge vor als Verkaufsaufträge.

■ *Es ist auch für den Privatanleger sehr wichtig, möglichst jede Börsenorder zu limitieren.* ■

Die Bedeutung der gängigsten Kurszusätze

Die Kurszusätze hinter dem DM-Betrag bieten wertvolle Informationen, über die der Anleger im Kursdatenblatt seiner Zeitung nicht einfach hinweglesen sollte.

b	„bezahlt"; zu dem angegebenen Kurs konnten alle an der Börse vorliegenden Aufträge ausgeführt werden
G	„Geld"; zu diesem Preis bestand nur Nachfrage
B	„Brief"; zu diesem Preis bestand nur Angebot
bG	„bezahlt Geld"; die zum festgestellten Kurs limitierten Kaufaufträge müssen nicht vollständig ausgeführt sein, es bestand weitere Nachfrage
bB	„bezahlt Brief"; die zum festgestellten Kurs limitierten Verkaufsaufträge müssen nicht vollständig ausgeführt sein, es bestand weiteres Angebot
T	„Taxe"; ein Kurs konnte nicht festgestellt werden, da keine Umsätze vorliegen; der Preis ist geschätzt
exD	„ohne Dividende"; erste Notiz unter Abschlag der Dividende
exBR	„ohne Bezugsrecht"; erste Notiz unter Abschlag eines Bezugsrechts

Während die beiden letztgenannten Kürzel „nur" der Erläuterung dienen, wie etwa ein u. U. erheblicher Kursrückgang zu erklären ist, bieten die anderen Zusätze dem Anleger bereits einen Hinweis auf die mögliche Markttendenz. War zum Beispiel ein Preis, zu dem nur Angebot bestand, offensichtlich für potentielle Käufer zu hoch, könnte der nächste Kurs niedriger liegen.

Die Bedeutung von Kapitalerhöhungen für den Anleger

Die Möglichkeit der Aktienausgabe (Emission) *können Unternehmen nicht nur beim erstmaligen Gang an die Börse, dem* going public, *nutzen, sondern nach Bedarf auch weiterhin (in gewissen Abständen). Bei diesen Kapitalerhöhungen kann die AG sich erneut zinslose liquide Mittel verschaffen.*

Zunächst muß sich die AG einen Spielraum für Kapitalerhöhungen von der Hauptversammlung genehmigen lassen, denn zusätzliche Aktien bedeuten für die Altaktionäre, sofern sie nicht zu einem weiteren Engagement bereit sind, eine Verwässerung ihres Anteils am Unternehmen.

Die Genehmigung erfolgt für einen festgelegten Zeitraum (zumeist einige Jahre) und Umfang. Die AG verfügt damit über ein *genehmigtes Kapital*. Die Geschäftsführung kann nun entscheiden, in welchem Maße und wann sie das genehmigte Kapital in Anspruch nimmt.

Beispiel Kapitalerhöhung

Eine AG hat bislang 100 Mio. Aktien im Umlauf, deren Kurs bei 100 EUR liegt. Sie entschließt sich zu einer Kapitalerhöhung im *Bezugsverhältnis* 4:1 zum Preis von 75 EUR/Aktie.

Die Rechnung aus der Sicht des Unternehmens

Das Bezugsverhältnis gibt an, daß auf 4 alte 1 neue Aktie ausgegeben wird. Gab es vorher 100 Mio. Altaktien, so kommen nun $^1/_4$ = 25 Mio. Aktien hinzu. Für jede Neuaktie erhält der Emittent 75 EUR, insgesamt also 1,875 Mrd. EUR (25 Mio. Stück x 75 EUR/Aktie).

■ *Um die neuen Aktien sicher am Markt unterbringen zu können, muß ihr Preis spürbar unter dem Kurs der Altaktien angesiedelt sein. Ein Abschlag von ca. 20 bis 30 % ist üblich.* ■

Das Unternehmen hat berechtigtes Interesse an einer positiven Kursentwicklung seiner Aktien; denn je höher die Notierung, desto mehr bare Mittel lassen sich durch eine Kapitalerhöhung hereinholen. Umgekehrt wird eine AG in Zeiten niedriger Kurse der eigenen Aktien soweit möglich auf eine solche Maßnahme verzichten, um sich nicht unter Wert zu verkaufen.

Bezugsrechte für Altaktionäre und neue Interessenten

Um zu gewährleisten, daß nur diejenigen Interessenten den günstigen Preis von 75 EUR je Neuaktie wahrnehmen können, die zum Zeitpunkt der Kapitalmaßnahme bereits Aktionär der Gesellschaft sind, erhält jeder von ihnen pro Altaktie ein Bezugsrecht. Unter bestimmten Bedingungen erlaubt der Gesetzgeber allerdings auch Kapitalerhöhungen mit Ausschluß des Bezugsrechts.

■ *Ein Bezugsrecht berechtigt nach Maßgabe des festgelegten Bezugsverhältnisses die Altaktionäre dazu, neue Aktien der Gesellschaft zu erwerben (zu „zeichnen").* ■

In unserem Beispiel dürfte mithin gegen 4 Bezugsrechte eine Neuaktie zu 75 EUR erworben werden.

Da aber sicherlich nicht jeder Aktionär zum Zeitpunkt der Kapitalerhöhung gerade in zusätzliche Aktien der Gesellschaft investieren möchte, werden die Bezugsrechte etwa zwei Wochen lang an der Börse als selbständige Wertpapiere gehandelt, so daß sie an außenstehende Interessenten veräußert werden können.

Was ist ein Bezugsrecht wert?

$$\frac{\text{Kurs der Neuaktie}}{\text{Bezugsverhältnis [als Bruch]} + 1}$$

im Beispiel: $$\frac{(100-75)}{\frac{4}{1}+1} = \frac{25}{5} = 5 \text{ EUR}$$

Um diesen Betrag muß sich – zumindest theoretisch – der Kurs der Altaktien am Tag der Abtrennung des Bezugsrechts vermindern: 100 – 5 = 95.

Ein bislang noch nicht in der Gesellschaft engagierter Interessent hätte zwei Möglichkeiten, Aktien zu erwerben:

- Er kann Altaktien erwerben für 95 EUR/Stück;
- alternativ steht es ihm frei, 4 Bezugsrechte zu kaufen, um so eine Neuaktie zu 75 EUR erhalten zu können; die Kosten betragen dann ebenfalls 4 x 5 + 75 = 95 EUR.

Strategie beim Handel mit Bezugsrechten

Liefe die Kursbildung ausschließlich nach idealtypischen Rechenschemata ab, so ergäbe sich für den Aktionär bei Kapitalerhöhungen – wie immer er sich auch verhielte – mithin ein Nullsummenspiel. Doch die Wirkung von Angebot und Nachfrage sorgt auch in diesem Fall dafür, daß sich die Börsenwirklichkeit erheblich spannender gestaltet:

- Auch für Bezugsrechte werden täglich Kurse ermittelt, die normalerweise wenige Prozent unter dem rechnerischen Wert pendeln.
- Am letzten Tag des Handels verkaufen die Depotbanken unlimitiert alle Bezugsrechte ihrer Kunden, für die sie nicht ausdrücklich eine anders lautende Order erhalten haben. Dabei kommt es regelmäßig zu einem massiven Überangebot an Bezugsrechten, was den Kurs erheblich drücken kann.
- Deshalb sollte der Anleger, sofern er Bezugsrechte verkaufen will, dies bereits so rechtzeitig seiner Bank mitteilen, daß das Geschäft in den ersten Tagen des Handels abgewickelt wird.
- Ist der Anleger hingegen am Zukauf von Rechten interessiert, sollte er dies am letzten Tag tun und seinen entsprechenden Auftrag scharf limitieren.

Wie sich die Ankündigung einer Kapitalerhöhung auf den Kursverlauf der (Alt-)Aktie auswirken kann

- Wenn die Einschätzung überwiegt, daß die neuen Mittel Substanz und/oder Ertragskraft des Unternehmens dauerhaft stärken werden, dürften sich höhere Kurse einstellen.
- Kommt die Börse hingegen zu dem Schluß, daß die Maßnahme nur dem Ausgleich finanzieller Schieflagen dienen soll, ohne daß deren Ursache angegangen wird, ist auch ein deutlicher Kursrückgang denkbar.

Wenn neue Aktien zu jungen Aktien werden

Neue Aktien können sich vorübergehend von den Altaktien unterscheiden. Wird die Kapitalerhöhung beispielsweise gegen Ende eines Geschäftsjahrs durchgeführt, so kann man nicht erwarten, daß die AG die neuen Aktien voll am Gewinn des laufenden Jahres beteiligt. Stattdessen wird sie die Neuemission in solch einer Situation normalerweise mit einer anteiligen (z. B. halben) Dividendenberechtigung ausstatten. Dies erfordert bis zum nächsten Dividendentermin eine separate Börsennotiz als eigenständiges Wertpapier; man spricht dann im Handel von *jungen Aktien.*

Checkliste: Aktienengagement – eine Zusammenfassung

- Entscheidung zwischen Stammaktien und Vorzugsaktien
- Abwägung zwischen Dividendenausschüttung und Kursgewinn; Einschätzung der Thesaurierung
- Einschätzung des Gesamtmarktes durch Aktienindizes:
  - nationale: DAX 30, M-DAX, NEMAX u. a. m.
  - internationale: Dow Jones, Nikkei u. a. m.
- Technische Aktienanalyse: Charts und Indikatoren
- Fundamentalanalyse
  - Dividendenrendite: Vergleichswert, Kursnetz, Thesaurierung
  - Kurs-Gewinn-Verhältnis (KGV)
  - und weitere Kennzahlen
- unternehmensspezifische Faktoren: Bilanzdaten, Kennzahlen, Entscheidungen der Geschäftsführung, Übernahme u. a. m.
- branchenspezifische Faktoren: Auswahl einer bestimmten Branche, ökonomische und gesellschaftliche Trends
- nationale Faktoren: Zinsentwicklung, Einflüsse aus dem Devisenmarkt, staatliche Wirtschaftsdaten wie Konjunktur, Inflation oder Verschuldung
- globale Faktoren: globale Vernetzungen, Reaktionen zwischen einzelnen nationalen Märkten
- Kapitalerhöhungen, junge Aktien, Bezugsrechte und Auswirkungen auf die Altaktien

Erfolgreich in Anleihen investieren

■ *Die Anleihe stellt – im Gegensatz zur Aktie – keine Beteiligung am Eigenkapital (eines Unternehmens) dar, sondern verleiht ihrem Käufer den Status eines Gläubigers, der dem Emittenten sein Geld gegen Verzinsung zur Verfügung stellt. Die Investition in ein solches Rentenpapier läßt sich daher mit der Vergabe eines Kredits vergleichen.* ■

Als Emittenten kommen neben Unternehmen auch Staaten, andere Gebietskörperschaften oder supranationale Organisationen in Frage. Als „Kreditgeber" muß der Anleihekäufer sein besonderes Augenmerk auf die *Bonität* seines Schuldners richten.

Abgrenzung Kapitalmarkt – Geldmarkt

- Der Markt, an dem die Banken *Termingelder* (Festgeldanlagen) unterbringen, wird *Geldmarkt* genannt. Die Zinssätze für diese kurzfristigen Anlagen (meist bis zu 1 Jahr) orientieren sich eng an den Vorgaben der Notenbank. Die größte Bedeutung kommt in Deutschland inzwischen dem Wertpapierpensionssatz zu.
- Demgegenüber findet der Handel mit Anleihen am *Kapitalmarkt* statt. Während ihrer Laufzeit können Anleihen dort verkauft werden, so daß sich der Käufer nicht festlegen muß, wie lange er sein Investment beibehält.

■ *Anleihen unterscheiden sich prinzipiell von Termingeldern. Während bei letzteren das Geld garantiert nach einer vereinbarten Laufzeit in voller Höhe und einschließlich der aufgelaufenen Zinsen zurückgezahlt wird, hat sich der Investor bei Anleihen auf schwankende Kurse einzustellen, die ihm bei vorzeitigem Verkauf Verluste bescheren können.* ■

Die Marktzinsentwicklung – entscheidend für den Erfolg

Der Zusammenhang von Marktzinsentwicklung und Kurshöhe ist für ein Anleihe-Engagement von überragender Bedeutung.

Verlauf eines Rentenkurses – Beispiel

1 Ein Emittent hat eine Anleihe mit zehnjähriger Laufzeit und einer Verzinsung von 6 % p. a. herausgebracht.

2 Ein Jahr später haben sich die Rahmenbedingungen so verändert, daß eine weitere Anleihe gleicher Art am Markt nur unterzubringen ist, wenn sie 7 % p. a. bietet.

3 Wenn nun ein Halter der ersten Anleihe seine Bestände über die Börse verkaufen möchte, so muß er u. a. gegen solche neuen Papiere konkurrieren, die um1-Prozent-Punkt (das entspricht einer Effektivrendite von fast 17 %!) höhere Zinsen bieten. Sein Sechsprozenter wäre somit unverkäuflich, wenn er ihn nicht billiger anbieten könnte.

4 Die Notierung von Anleihen erfolgt in Prozent, und zwar in Prozent ihres Nennwerts. Bei der Emission sind vom Zeichner, d. h. dem Ersterwerber, normalerweise ziemlich genau 100 % des Nennwerts zu bezahlen. Ein Jahr spä-

ter notiert nun die 6 %-Anleihe z. B. bei 92,5 %. Ein Investor, der sie zu diesem Kurs erwirbt, muß für den Nennwert von 10 000 EUR nur 9 250 EUR bezahlen.

5 Für die verbleibende Laufzeit von 9 Jahren erhält er dann eine jährliche Ausschüttung von
(6 % von 10 000 EUR): 9 250 EUR = ca. 6,49 %.

Zusätzlich ist zu berücksichtigen, daß dem Inhaber der Anleihe bei Fälligkeit (am Ende der Laufzeit) die Rückzahlung des gesamten Nennwerts zusteht, in diesem Fall also 10.000 EUR. Hieraus errechnet sich ein weiterer Vorteil von 8,1 % des eingesetzten Kapitals, der – auf die verbleibende Laufzeit verteilt und abgezinst – zur jährlichen Ausschüttung hinzuaddiert werden muß, um die *Effektivrendite* eines Anleihe-Investments korrekt berechnen zu können.

■ *Jeder Investor sollte beachten: Steigende Marktzinsen führen zu sinkenden Anleihekursen und umgekehrt. Je länger die Restlaufzeit der Anleihe, desto stärker die Kursschwankungen.* ■

Noch ein Beispiel: Wer Anfang 1999 die neue 10jährige Bundesanleihe im Umfang von 10 000 EUR Nennwert zu rund 100 % zeichnete, mußte nach 12 Monaten folgende „Erfolgs"-Rechnung aufmachen:

Zinszahlung Anf. Jan 2000:	brutto	375 EUR
(je nach EStTarif)	netto ca.	180 EUR
Anleihekurs Anf. Jan. 2000:	89 %	
Kursverlust ca.		– 1 100 EUR
		– 920 EUR

Es ergab sich also ein Verlust von über 9 %, obwohl eine Bundesanleihe allgemein als eines der sichersten Wertpapiere gilt.

Der aufgeklärte Anleger hätte diese Entwicklung allerdings durchaus ahnen können: Die Verzinsung am deutschen Anleihemarkt bewegte sich Anfang 1999 auf dem Niveau historischer Tiefstände, so daß deutliche Kursverluste über kurz oder lang fast vorprogrammiert waren. Wer andererseits ein Jahr später die Anleihe zu etwa 89 % erwarb, konnte davon ausgehen, daß er sie eines nicht zu fernen Tages mit einem ansehnlichen – nach 12 Monaten Haltedauer steuerfreien – Kursgewinn würde verkaufen können. Laufende Verzinsung und steuerfreier Kursgewinn können dann gemeinsam durchaus auch einmal zweistellige Gesamtrenditen (p. a.) ergeben.

▪ *Anleihen sind keine „wartungsfreien" Selbstläufer. Kaufen und liegenlassen erstklassiger Papiere führt zwar nicht zu Verlusten, aber doch zu entgangenen Gewinnen in erheblicher Größenordnung. Das richtige Timing für den Ein- und Ausstieg entscheidet auch bei dieser Wertpapierart über den Anlageerfolg.* ▪

Die Schuldnerbonität – Chance und Risiko für den Anleger

Beim Erwerb von Anleihen muß die Schuldnerbonität ein wesentliches Auswahlkriterium sein, um einerseits bösen Überraschungen wie Teil- oder Totalverlusten der eingesetzten Mittel vorzubeugen und andererseits die Gesamtrendite zu optimieren.

Wenn der Anleger kein Risiko eingehen will

- Ein besonders risikoscheuer Anleger handelt sicherlich umsichtig, wenn er seine Engagements am Anleihemarkt der Regel unterwirft, nur erste Adressen in sein Depot aufzunehmen, also Papiere von Schuldnern bester Bonität. Er verringert damit deutlich das Risiko, durch Zahlungsunfähigkeit oder -unwilligkeit des Emittenten um ihm zustehende Zins- oder Tilgungszahlungen geprellt zu werden.

- Andererseits verzichtet er aber auch auf mehr oder weniger deutliche Renditeaufschläge, die Schuldner minderer Qualität bieten müssen, um ihre Anleihen überhaupt am Markt unterbringen zu können.

Ein Beispiel zur Jahresmitte 2000: Während die Bundesrepublik als Vertreter der obersten Bonitätsstufe für eine Emission mit zehnjähriger Laufzeit gut 5 % Effektivrendite bietet, erzielt man mit einer vergleichbaren (Euro-)Anleihe Argentiniens rund 10 %.

Ratings bewerten die Bonität

Jeder Investor ist gefordert, für den Teilbereich „Anleihen" seines Depots eine Bonitätsstruktur festzulegen, die seiner persönlichen Risikobereitschaft und Renditeerwartung entspricht.

Unterstützt wird er bei diesem durchaus komplexen Unterfangen durch *Ratings*, die von *Ratingagenturen* für die Mehrzahl der bedeutenden Schuldner ermittelt werden.

So beurteilen Ratings die Bonität

- Die Bonitätsbewertungen in Form einer Buchstabenkombination werden auf einer eng gestuften Skala von „beste Qualität" bis „hochspekulativ" vorgenommen.

- Dazu werden Kriterien wie Standort, Branche und Geschäftsfelder sowie Analysen der Finanzlage mit Emissionsausstattung etc. herangezogen, sowohl unter wirtschaftlichen als auch juristischen Gesichtspunkten.
- Die Einstufungen stellen eine Momentaufnahme dar, denn sie können sich zwangsläufig nur auf Daten und Zahlungsverhalten der Vergangenheit beziehen. Sie bieten daher letztlich keinerlei Gewähr für die Zukunft.
- Die Ratingagenturen melden sich allerdings zu Wort, wenn sich ihre Erwartung hinsichtlich der weiteren Entwicklung des Schuldners ändert. Der „Ausblick" kann dabei „positiv", „neutral" oder „negativ" sein.

Die Ratingsymbole der Agenturen Moody's und Standard & Poor's (S&P) (beide USA)

	Moody's	**S & P**
Sehr gute Anleihen		
Beste Qualität, geringstes Ausfallrisiko	Aaa	AAA
Hohe Qualität, aber etwas größeres Risiko als die Spitzengruppe	Aa1 Aa2 Aa3	AA+ AA AA–
Gute Anleihen		
Gute Qualität, viele gute Investmentattribute, aber auch Elemente, die sich bei veränderter Wirtschaftsentwicklung negativ auswirken können	A A2 A3	A+ A A–
Mittlere Qualität, aber mangelnder Schutz gegen die Einflüsse sich verändernder Wirtschaftsentwicklung	Baa1 Baa2 Baa3	BBB+ BBB BBB–

<u>Spekulative Anleihen</u>		
Spekulative Anlage, nur mäßige Deckung für Zins- und Tilgungsleistungen	Ba1 Ba2 Ba3	BB+ BB BB–
sehr spekulativ, generell fehlende Charakteristika eines wünschenswerten Investments, langfristige Zinszahlungserwartung gering	B1 B2 B3	B+ B B–
<u>Junk Bonds (hochverzinslich, hochspekulativ)</u>		
Niedrigste Qualität, geringster Anlegerschutz; in Zahlungsverzug oder in direkter Gefahr des Verzugs	Caa Ca C	CCC CC C

■ *Der Investor kann von Bonitätsänderungen durchaus profitieren. Gelingt es ihm nämlich, einen Schuldner zu wählen, dessen Bonität sich mit der Zeit verbessert, so wird er mit (im Zuge der Neubewertung des Emittenten am Markt) steigenden Kursen seines Papiers belohnt.* ■

Zinsstrukturkurve und Anlagestrategie

■ *Normalerweise kann der Investor mit einer höheren Jahresrendite rechnen, wenn er sich für den Kauf einer Anleihe mit längerer Restlaufzeit entscheidet. Es gibt jedoch auch hier bedeutende Unterschiede, sowohl im historischen Vergleich als auch von Land zu Land.* ■

- An der *Zinsstrukturkurve* läßt sich für Anleihen bester Bonität die Effektivrendite der Laufzeiten ablesen.
- Die unterschiedlichen Zinsstrukturen müssen zu differenzierten Anlagestrategien führen.
- Dabei sind jedoch die Hintergründe der jeweiligen Entwicklung in den Entscheidungsprozeß mit einzubeziehen.

Es ist zum Beispiel zweifelhaft, ob ein unreflektiertes Engagement am Maximalpunkt der Kurve immer zu optimalen Ergebnissen führt.

So führt eine Momentaufnahme im Sommer '96 zu folgenden Resultaten (vereinfachte Darstellung):

Beispiel: Zinsstrukturkurven im Vergleich

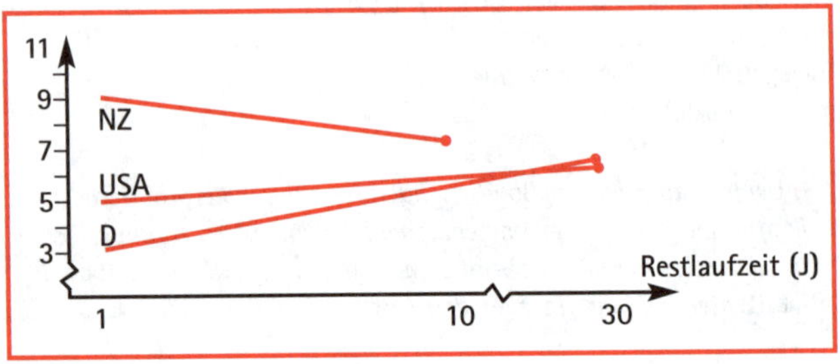

- In **Deutschland** ist der Anstieg der Zinsstrukturkurve extrem steil; das bedeutet, je länger die Laufzeit ist, desto rentabler stellt sich die Anleihe dar.
  - Die Gründe hierfür liegen einerseits in der Sorge der Marktteilnehmer vor Zinssteigerungen am Kapitalmarkt, weshalb sie langlaufende Anleihen meiden, und andererseits in der Politik der Notenbank (Senkung der Leitzinsen auf das historische Tief), die grundsätzlich nur die Renditen im Bereich kurzer Laufzeiten direkt beeinflussen kann.
  - Die Kurve legt zwar den Kauf dreißigjähriger Anleihen nahe. Doch wird allgemein am Markt in den nächsten Jahren mit Zinssteigerungen gerechnet, die sich gera-

de bei einer solchen Wahl extrem negativ auf das Anlageergebnis auswirken würden. Es sollten daher andere Wege beschritten werden.

- In den **USA** verläuft die Zinsstrukturkurve erheblich flacher: Zwischen den Extremen (Tagesgeld vs. dreißigjährige Anleihen) liegen kaum 150 *Basispunkt*e (BP, 1 Basispunkt entspricht 0,01 %-Punkt) im Vergleich zu etwa 375 BP in Deutschland.
  - Dieser relativ geringe Renditevorsprung der Langläufer – auf einem ohnehin im historischen Vergleich sehr niedrigen Zinsniveau – läßt das mit ihrem Kauf verbundene Risiko verhältnismäßig hoch erscheinen.
  - Dafür bieten die wenig kursvolatilen, d. h. wenig schwankenden, kurzfristigen Anleihen hier Sicherheit zu günstigen Konditionen.

- **Neuseeland** weist eine *inverse Zinsstruktur* auf, d. h. langfristige Anleihen rentieren niedriger als Kurzfristanlagen. Die Notenbank regiert hier mit strenger Hand, während die Märkte dem Land aufgrund seiner vorbildlichen Politik – z. B. jährliche Haushaltsüberschüsse mit Schuldenabbau – einen großen Vertrauensbonus einräumen.
  - Es wäre allerdings auch hier kurzsichtig, die höchstrentable Anlageform (Termingeld) zu wählen: Erstens erscheint der Zinssenkungstrend in diesem Land längerfristig intakt, und zweitens befindet sich die Rendite für langfristige Anleihen auf einem hohen Niveau, so daß man sie sich für eine längere Zeit sichern sollte.

Finden Sie die richtige Anleiheart

Es gibt eine Reihe von Anleihearten mit unterschiedlichen Verzinsungen, die zu völlig unterschiedlichem Verhalten des jeweiligen Wertpapiers führen:

- *Festzinsanleihen*: jährlich gleichbleibende Zinszahlung
- *Zerobonds* oder *Nullkuponanleihen*: ohne laufende Verzinsung
- *Floater*: variabel verzinsliche Anleihen
- Floater mit Bindung an den Langfristzins
- *Reverse* Floater
- *Fremdwährungsanleihen*
- und einige Sonderformen

Festzinsanleihen verbriefen feste Zinszahlungen

Die Festzinsanleihe ist die bedeutendste Anleiheform mit dem größten Marktvolumen. Sie zeichnet sich dadurch aus, daß sie das Recht auf eine „feste", also jährlich gleichbleibende Zinszahlung (in %, bezogen auf den Nennwert) verbrieft.

Anleihen ohne laufende Verzinsung

■ *Die* Nullkuponanleihe (Zerobond) *ist unverzinslich, Erträge werden also nicht jährlich ausbezahlt, sondern kumuliert am Ende der Laufzeit.* ■

Zerobonds werden in der Regel zu Kursen weit unter 100 % an den Markt gebracht und nach Ablauf zu 100 % zurückbezahlt. Der Kurs legt dann unter marktbedingten Schwankungen jährlich ein Stück seines Weges vom Emissionspreis zum Rückzahlungskurs von 100 % zurück. Bei einer zehnjährigen Euro-Anleihe ergäbe sich unter den gegenwärtigen Zinsbedingungen ein Ausgabepreis in der Größenordnung von etwa 60 %.

- Zerobonds reagieren ähnlich wie Festzinsanleihen, allerdings mit einer etwas **höheren Volatilität.**
- Sie sind für deutsche Anleger weniger interessant, da ihr ertragsbedingter Kursanstieg in Deutschland als **Zinseinnahme** zu versteuern ist.
- Sie eignen sich allerdings, wenn man bewußt Erträge auf einen späteren Zeitpunkt verschieben will, sei es um sich den Wiederanlagestreß zu ersparen oder die Steuerprogression zu lindern.

Reagieren auf Zinsschwankungen: Floater

Besonders interessant ist aufgrund ihres völlig anderen Verhaltens die Kategorie der *variabel verzinslichen Anleihen,* auch Floater oder Floating Rate Notes (FRN) genannt.

- Die Ausschüttung wird jährlich (oder halbjährlich) im voraus je nach Marktbedingungen neu festgesetzt.
- Die Laufzeit der meisten Papiere beträgt ca. 5 Jahre.
- Floater orientieren sich in ihrer laufenden Verzinsung an bestimmten Kurzfrist-Referenzsätzen, wie dem *Fibor* (Frankfurt inter bank offered rate) bzw. *Libor* (London . . .)

oder, in Zeiten des Euro, dem *Euribor*, die ansonsten für Geschäfte unter Banken Verwendung finden.

Schuldner minderer Bonität müssen auch hier einen Aufschlag bieten, um ihren Papieren die nötige Attraktivität zu verleihen; in der Wirtschaftspresse heißt es dann zur Verzinsung einer solchen Anleihe beispielsweise „L + 50", sie beträgt also 50 Basispunkte (entsprechend 0,5 Prozent-Punkte) über dem Libor für eine bestimmte, ausgewählte Laufzeit von zumeist 3 oder 6 Monaten.

Wann Sie Floater einsetzen können

Ihre Charakteristik prädestiniert die Floater für einen Einsatz **in Zeiten von Zinssteigerungserwartungen**. Aufgrund der jährlichen Anpassung ihrer Ausschüttung an die Marktentwicklung haben Floater zwei Vorteile:

- Der Investor profitiert von steigenden Jahreszinsen.
- Dabei ist er jedoch gegen Kursverluste weitestgehend geschützt, da Floater gemeinhin während ihrer gesamten Laufzeit nahe 100 % notieren. Der von Festzinsanleihen bekannte Kursdruck entfällt.

Für steile Zinsstrukturkurven: Floater mit Bindung an den Langfristzins

In Zeiten steiler Zinsstrukturkurven erweist sich allerdings die Ausrichtung von Floatern am Zinsniveau extrem kurzer Laufzeiten als Nachteil.

Beispiel: Im Januar 2000 lag der Euribor bei etwa 3,3 %, während fünfjährige Festzinsanleihen des Bundes ca. 5 % boten.

Die Emittenten haben auf diese Extremsituation erst in jüngerer Zeit mit der Entwicklung einer neuen Unterart von Floatern reagiert, die an den Langfristzins gebunden ist.

- Diese Floater laufen in der Regel über 10 Jahre.
- Ihre Verzinsung wird in Anlehnung an zehnjährige Festzinsanleihen festgesetzt, allerdings mit einem Abschlag von im allgemeinen knapp 20 %.
- Trotzdem erreichen sie unter ihresgleichen rekordverdächtige Renditen.

Beispiel: Mitte 2000 betrug die Rendite ca. 5 % abzüglich eines Abschlags von 19 % = ca. 4,05 %.

Vorsicht, Reverse Floater!

Ungleich fragwürdiger erscheint dagegen eine Unterart der variabel verzinslichen Anleihen, die Reverse Floater, denn sie pervertieren geradezu das Konzept des klassischen Floaters, ohne zum Ausgleich spezifische Vorteile zu bieten.

Die regelmäßige Festlegung der Zinshöhe erfolgt bei Reverse Floatern nach einer Formel: Der momentane Kurzfrist-Referenzzins (bzw. meist ein Vielfaches davon) wird von einem Festzinssockel subtrahiert, zum Beispiel „15 % - 3 x Libor".

Daraus ergeben sich nicht ungefährliche Eigenschaften:

- Die **Verzinsung sinkt drastisch** (u. U. bis auf 0 %), wenn die (eng an der Notenbankpolitik orientierten) Kurzfristsätze steigen.
- Das Resultat ist eine **hohe Volatilität der Kurse**. Reverse Floater notieren im Vergleich zu Festzinsanleihen

zwar richtungsgleich, aber verstärkt um einen schwer zu kalkulierenden Hebel.

Reverse Floater sind eher als Spekulationsvehikel für den Spieler denn als seriöses Anlageinstrument geeignet.

Nur für Marktkenner: Fremdwährungsanleihen

Eine neue Größenordnung an Entscheidungsbedarf kommt auf den Investor zu, wenn er auch den Kauf von Fremdwährungsanleihen in seinen Strategiemix einbezieht.

Die höchst unterschiedlichen Nominalverzinsungen der einzelnen Währungen einerseits sowie die Volatilität der internationalen Devisenmärkte andererseits erfordern eine ausgeprägte Marktkenntnis, um ein Fremdwährungsengagement erfolgreich gestalten zu können.

Was Sie bei Fremdwährungsanleihen beachten müssen

- Ein besonders weit verbreiteter Fehler von Privatanlegern ist die Neigung, Zinsniveaudifferenzen zu überschätzen und gleichzeitig den Effekt von Devisenkursveränderungen zu unterschätzen.
- Ein Zinsvorteil von maximal einigen Prozentpunkten p. a. kann von der Entwicklung der Devisenkurse in wenigen Wochen oder sogar Tagen (über-)kompensiert werden. Manchmal werden sogar die Zinserträge von mehreren Jahren vollständig neutralisiert.
- Eine aufwertungsverdächtige Währung beeinflußt das Anlageergebnis per Saldo positiver als ein Zinsvorsprung. Die mögliche Kombination beider Effekte übt zwar einen

ganz besonderen Reiz aus, ist aber eine „Stecknadel im Heuhaufen".

Langfristig starke Währungen bieten Sicherheit

Währungen mit niedrigen Kapital- und Geldmarktzinsen gelten als langfristig stark. Das gilt in besonderem Maße für den japanischen Yen, der schon seit vielen Jahren einen Diskontsatz von 0,5 % aufweist. Zehnjährige Staatsanleihen rentierten dort Mitte 2000 unter 1,8 %.

■ *Es ist dringend geboten, den Kauf von Fremdwährungsanleihen vorrangig nicht an der Nominalverzinsung, sondern an den Erwartungen zur zukünftigen Wechselkursentwicklung zu orientieren.* ■

Sonderformen von Anleihen

Stufenzinsanleihen

Stufenzinsanleihen stellen einen Versuch dar, den Anleger über ein momentan niedriges Zinsniveau hinwegzutrösten, indem man ihm für die weiteren Jahre der Laufzeit höhere Renditen verspricht. Doch leider hat die Sache einen Haken: Die Mehrzahl dieser Papiere kann vom Emittenten vorzeitig, also auch zum Zeitpunkt der Zinserhöhung, gekündigt werden, so daß sich die Hoffnung auf steigende Erträge nicht immer erfüllt.

Wandel- und Optionsanleihen

Bei *Wandel-* und *Optionsanleihen* tritt der originäre Anleihecharakter in den Hintergrund. Die Verzinsung liegt deutlich unter dem Marktzinsniveau; zum Ausgleich erhält der Käufer das Recht, seine Anleihe zu bestimmten Bedingungen in Aktien zu wandeln bzw. Aktien zu kaufen.

Genußscheine – zwischen Aktie und Anleihe

Genußscheine weisen zwar in Teilbereichen eine enge Verwandtschaft mit Anleihen auf, doch ihr Zwittercharakter läßt sie letztlich als eigenständiges Instrument erscheinen.

■ *Insgesamt ist dringend zu empfehlen, vor dem Kauf eines Genußscheins Erkundigungen zu den Details einzuholen, um zwischen Risiken wie Ausschüttungsbedingungen und Kündigungsmöglichkeiten und dem Vorteil einer zumeist etwas höheren Rendite abwägen zu können.* ■

Eigenschaften der Genußscheine

- sehr unterschiedliche Gestaltung mit Elementen von Aktie und Anleihe
- Ausschüttung (und manchmal sogar Rückzahlung) vom Gewinn oder anderen Unternehmenskennzahlen abhängig
- häufig mit vorzeitiger Kündigungsmöglichkeit durch den Emittenten
- kein Stimmrecht
- nur relativ wenige „liquide" Papiere am Markt
- Ausschüttung sammelt sich (wie bei Aktien) im Kurs an
- unterliegen der Kapitalertragssteuer

Weitere Informationen zur Beurteilung von Anleihen

Neben den bereits erläuterten Entscheidungsparametern Zinsveränderungsrisiko, Bedeutung von Bonität und Restlaufzeit und den Charakteristika der verschiedenen Anleihearten brauchen Sie für eine umfassende Marktbeurteilung noch weitere Informationen:

- Welcher Maßstab oder Index bietet die beste Hilfestellung für eine Einschätzung des Gesamtmarkts?
- Welche Faktoren wirken vorrangig auf die Höhe der Anleiherenditen ein?
- Was bedeutet eine Veränderung des Marktzinses quantitativ für Rentenkurse?

REX und Umlaufrendite – zwei wichtige Hilfsmittel

Auf den ersten Blick eignet sich als Pendant zum Deutschen Aktienindex DAX besonders gut der Rentenindex *REX*, von dem, z. B. zur Abdeckung unterschiedlicher Laufzeiten, ebenfalls eine ganze Familie existiert.

Der REX mißt nicht die Renditen, sondern die Kurse

Sein Konzept erweist sich jedoch bei näherer Betrachtung als für den Normalanleger zumindest sehr gewöhnungsbedürftig, denn er mißt nicht die Rentenrenditen, sondern ihre Kurse. Damit lassen sich zwar unmittelbar Aussagen zur Richtung der Marktentwicklung treffen, eine quantitative Analyse der Renditen erscheint jedoch schwieriger.

Die Umlaufrendite stellt die Effektivverzinsung dar

Erfreulicherweise veröffentlicht die Börse zusätzlich auch einen Maßstab, der die Effektivverzinsung erstklassiger Anleihen direkt darstellt: die *Umlaufrendite*, von der es neben einem Wert für den Gesamtmarkt ebenfalls Ableger für die einzelnen Laufzeiten gibt. Historisch liegt in der Bundesrepublik das Tief der Umlaufrendite erst kurze Zeit zurück (3,46 % im Januar 1999), während auf der anderen Seite zeitweise sogar zweistellige Werte erreicht wurden.

▪ *Gerade vor einem geplanten Engagement in langlaufenden Festzinsanleihen kann der Anleger durch eine Bewertung der momentanen Umlaufrendite im historischen Kontext wertvolle Informationen über Chancen und Risiken des Kaufs erhalten.* ▪

Beispiel: Beträgt der Marktzins etwa weniger als 5,5 %, so dürfte ein Einstieg in solche Papiere auf längere Sicht eher Kursverluste als -gewinne nach sich ziehen.

Für eine internationale Betrachtung bedient man sich im allgemeinen einer Gegenüberstellung der Renditen zehnjähriger Staatsanleihen in Prozent (siehe folgende Tabelle).

Im Vergleich: Internationale Renditen zehnjähriger Staatsanleihen

	Ende 1996	**Ende 1997**	**Ende 1998**	**Ende 1999**
D	5,76	5,30	3,86	5,33
USA	6,27	5,77	4,68	6,40
Japan	2,76	1,86	2,47	1,67
Schweiz	3,84	3,75	2,35	3,36
Italien	7,58	5,63	4,04	5,61
Spanien	6,87	5,59	3,99	5,57
Australien	7,36	5,98	5,03	6,92

Diese Faktoren beeinflussen den Zins

Das Auf und Ab der Rentenrenditen resultiert letztlich allein aus der Wirkung von Angebot und Nachfrage. Wie am Aktienmarkt ist das Zusammenspiel der Einflußfaktoren auch bei den Anleihen derart komplex und in der Stärke variabel, daß sich keine allgemeingültige Reihenfolge ihrer Bedeutung aufstellen läßt.

- Die **Inflation** ist ein klassischer Verursacher hoher Zinsen. Erst die Differenz aus Nominalverzinsung und Inflation ergibt die aussagekräftigere Realrendite (vor Steuern!). Ist sie negativ, so bedeutet die Geldanlage brutto sogar einen Kaufkraftverlust im Vergleich zum direkten Konsum. Die vom Markt geforderte Realrendite wird umso höher sein, je weniger Vertrauen in die zukünftige Entwicklung von innerer und äußerer Stabilität (Geldentwertung bzw. Devisenkursentwicklung) besteht.
- Die **Notenbank** ist mit **ihrer Politik** für diese zentralen volkswirtschaftlichen Grunddaten zuständig; ihr kommt damit eine wichtige Rolle zu. Wohlgemerkt: Nicht durch exzessive Leitzinssenkung kann sie die Märkte gnädig stimmen, sondern allein durch eine verläßliche und beständige Erfüllung ihrer Aufgaben als Wächter der nationalen Währung.
- Nicht selten kommt es zu Überreaktionen der Marktteilnehmer, die dann u. U. jeder einzelnen Statistik zur **konjunkturellen Situation** ein Gewicht beimessen, das sie in größerem Umfang zu Ein- oder Ausstiegsentscheidungen schreiten läßt. Übrigens sind dem Rentenmarkt generell moderate Erfolge der einheimischen Wirtschaft erheblich

sympathischer als ein Boom, denn letzterer gilt ihm als sicheres Anzeichen für in Zukunft bevorstehende Inflations- und damit auch Zinssteigerungen – wegen der damit verbundenen Kursverluste ein eindeutiges Ausstiegssignal.

- Auch das Handling des **Staatsetats** stellt in diesem Zusammenhang einen wichtigen Aspekt dar, denn hohe Verschuldungen sind nicht nur psychologisch Gift für die Anleihen, sondern beanspruchen den Markt auch direkt in erklecklichem Maße, da sie selbst einen guten Teil seiner Aufnahmebereitschaft für sich in Anspruch nehmen.
- Zuweilen können **schwerwiegende internationale Entwicklungen** (Ölkrise, Golfkrieg, u. ä.) die national vielleicht durchaus positive Situation vollständig überlagern. Derartige Ereignisse lassen sich vom Anleger natürlich kaum rechtzeitig vorhersehen, so daß er zur Prophylaxe grundsätzlich entsprechende Sicherheitsmaßnahmen in seinem Depot berücksichtigen sollte (*Diversifizierung*, eventuell Absicherung durch Optionen etc.). Ähnliches gilt für eine Vielzahl weiterer Faktoren, die nicht regelmäßig in Erscheinung treten, sondern hin und wieder für alle Beteiligten überraschende Wendungen des Markts provozieren.

Was Marktzinsveränderungen für die Rentenkurse in Heller und Pfennig bedeuten

Hat der Investor mit Hilfe der oben genannten (und vielleicht auch weiterer) Einflußgrößen seine persönliche Prognose des für ihn relevanten Rentenmarkts erstellt, so muß er in einem weiteren Schritt die Auswirkungen der angenommenen Renditeveränderungen auf die ins Auge gefaßten Anleihen untersuchen. Zu diesem Zwecke seien hier abschließend zwei Faustregeln genannt, die eine schnelle und ausreichend genaue Umrechnung ermöglichen.

Faustformeln für die Umrechnung der Renditeveränderungen

- **Für Rentenpapiere mit zehnjähriger Restlaufzeit gilt:**

  Eine Veränderung der Effektivrendite um 1 Basispunkt (0,01 %) entspricht einer entgegengesetzten Kurskorrektur um $\frac{7,5}{100}$ Prozentpunkte.

Beispiel: Steigt die Effektivrendite von 6 % auf 6,1 %, so fällt der Kurs einer zehnjährigen 6 %-Anleihe von 100 % auf 99,25 %.

- **Für Renten mit dreißigjähriger Restlaufzeit gilt:**

  Eine Veränderung der Effektivrendite um 1 Basispunkt (0,01 %) entspricht einer entgegengesetzten Kurskorrektur um $\frac{13,5}{100}$ Prozentpunkte.

Beispiel: Sinkt die Effektivrendite von 7 % auf 6,9 %, so steigt der Kurs einer 30jährigen 7%-Anleihe von 100 % auf 101,35 %.

Checkliste: Was Sie zur Beurteilung von Anleihen wissen müssen

- Marktzinsentwicklung: Risiko einer Zinsveränderung.
- Zinsbeeinflussende Faktoren beachten, wie Inflation, Notenbankpolitik, konjunkturelle Situation, Staatsetat, internationale Entwicklungen.
- Wie wird die Bonität des Schuldners von Ratingagenturen eingestuft?
- Restlaufzeit der Anleihe, Zinsstrukturkurve.
- Charakteristika der jeweiligen Anleihearten: ohne laufende Verzinsung, Zinsen fest oder variabel, Fremdwährungsanleihen (wenn, in welcher Währung), Sonderformen.
- Auf Besonderheiten von Genußscheinen achten!
- Einschätzung des Gesamtmarkts durch REX und Umlaufrendite (Effektivverzinsung), Vergleich der internationalen Renditen.
- Was bedeutet eine Veränderung des Marktzinses quantitativ für die jeweiligen Rentenkurse?
- Wie sieht bei einem Engagement in ausländische Anleihen die Entwicklung der Devisen aus?

Der Optionsschein – nur für ganz Disziplinierte

Der Optionsschein (oder *Warrant*) gilt als das typische *derivative Instrument* für den Privatanleger. Dabei handelt es sich um ein abgeleitetes Wertpapier, das ein auf eine anderweitige Basis bezogenes Recht verbrieft.

■ *Der Käufer eines Optionsscheins erwirbt das Recht, eine bestimmte Menge eines bestimmten Gutes bis zu einem bestimmten Zeitpunkt zu einem im voraus festgesetzten Preis (Ausübungspreis) zu kaufen* (Call) *bzw. zu verkaufen* (Put). *Bei dem zugrundeliegenden „Gut" kann es sich beispielsweise um Aktien und Aktienindizes, Anleihen, Devisen, Rohstoffe u. a. handeln.* ■

Beispiel: Ein Call auf die BMW-Aktie mit einem Basispreis (bzw. Ausübungspreis) von 30 EUR und einem Bezugsverhältnis von 10:1 gestattet seinem Erwerber, vom Emittenten während der Laufzeit des Warrants für je 10 Optionsscheine 1 BMW-Aktie zu 30 EUR zu kaufen.

In der Realität werden Optionsscheine (fortan auch kurz OS genannt) allerdings in den seltensten Fällen mit der Absicht ins Depot genommen, sie später tatsächlich *auszuüben*, d. h. das eingeräumte Recht wirklich in Anspruch zu nehmen. Vielmehr ist es gemeinhin das Ziel des Erwerbers, seine Warrants nach kurzer Zeit mit Profit wieder zu veräußern. Der Gewinn kann dadurch zustande kommen, daß das verbriefte Recht infolge von Kursveränderungen der Basis im Wert steigt.

■ *Nicht nur die Kurschancen, sondern auch die Risiken eines Optionsscheins erreichen im Vergleich zu anderen Wertpapieren neue Dimensionen: Unachtsamkeit und/oder eine weniger glückliche Hand können sehr schnell zu Totalverlusten des Einsatzes führen.* ■

Risikopapiere „mit Verfallsdatum"

Die besondere Problematik von Optionsscheinen geht letztlich auf ihre **begrenzte Laufzeit** zurück. Spätestens zu ihrem Ablauftermin müssen sie ausgeübt werden bzw. verfallen wertlos (je nach Kurs der Basis).

■ *Der Wert, den Angebot und Nachfrage einem Optionsschein zuordnen, hängt daher zu einem guten Teil von der Nähe dieses Verfallstermins ab.* ■

Innerer Wert und Zeitwert bestimmen den Kurs

Der Wert, der sich durch die verbleibende Zeit bis zum Ablauf eines Optionsscheins ergibt, wird *Zeitwert* genannt und schlägt sich im Kurs des Warrants entsprechend nieder. Der zwangsläufige Verfall des Zeitwerts legt es nahe, Warrants möglichst bald nach ihrem Erwerb wieder zu verkaufen.

Bei der zweiten Komponente des OS-Kurses handelt es sich um den *inneren Wert*. Seine Höhe ergibt sich aus dem Vorteil, den man zum jeweiligen Zeitpunkt **durch Ausüben des Scheins** mit sofort anschließendem kompensierenden Gegengeschäft erzielen könnte.

Optionsschein-Kurs = innerer Wert + Zeitwert

Auf diese Bewertungskriterien kommt es an

Der innere Wert bzw. sein Fehlen gehört zu den wichtigsten Merkmalen eines Optionsscheins und wird daher auch für eine weitere Untergliederung als entscheidendes Kriterium herangezogen.

- *Aus dem Geld* ist ein Optionsschein, wenn der **innere Wert 0** ist, der Kurs der Basis also unter (über) dem Ausübungspreis eines Calls (Puts) notiert.
  - Diese Situation ist gefährlich, denn dann lebt der OS-Kurs ausschließlich von seinem Zeitwert und wird diesem gegen Ende der Laufzeit bis zur Wertlosigkeit folgen. Dabei beschleunigt sich der Verfall des Zeitwerts in den letzten Lebenswochen des Scheins deutlich, und die Risiken für den Anleger steigen entsprechend.
  - Je weiter ein Schein aus dem Geld liegt, desto geringere Hoffnung besteht, daß er in der verbleibenden Restlaufzeit noch einen inneren Wert aufbauen kann, desto höher ist also auch das Risiko eines Totalausfalls.
  - Wenn sich die Basis des Scheins noch weiter in die falsche Richtung entwickelt, ist häufig zu beobachten, daß der Schein extrem stark an Wert verliert.
  - Wenn die Basis ihr altes Niveau wieder erreicht, kann er diese Verluste jedoch nur minimal oder gar nicht ausgleichen, denn die weiter abgelaufene Zeit und der lange Weg zu einem inneren Wert verhindern eine Erholung.
- *Am Geld* ist ein Optionsschein, wenn die Basis ungefähr auf der Höhe des Ausübungspreises notiert. Solche Scheine weisen eine hohe Volatilität auf, d. h. ihre Kurse

schwanken heftig, je nachdem, ob die Bewegungen ihrer Basis sie gerade ins oder aus dem Geld führen.

- *Im Geld* befindet sich ein Optionsschein **mit einem inneren Wert.** Je weiter er im Geld liegt, desto geringer ist der Anteil des Zeitwerts an seiner Kurshöhe, so daß ein derartiger Schein auf den Zeitablauf gelassener reagiert als andere und sich daher für eine gewisse Risikoreduzierung des OS-Engagements eignet.

Beispiel für die Kursentwicklung eines Optionsscheins

- Nehmen wir an, der o. g. Call auf die BMW-Aktie mit dem Basispreis von 30 EUR sei im November 1999 zu einem Preis von etwa 4 bis 5 EUR begeben worden, zu einem Zeitpunkt, als die Aktie bei gut 26 EUR notierte. Unter diesen Bedingungen wäre das vom Schein verbriefte Recht, eine BMW-Aktie zu 30 EUR kaufen zu können, eigentlich wertlos. Der **innere Wert** ist dann 0, der Schein ist aus dem Geld.
- Trotzdem ist der Warrant nicht etwa für wenige Cents oder gar geschenkt zu haben, denn er verfügt über einen hohen **Zeitwert.** Die Hoffnung der Marktteilnehmer auf eine weit genug steigende BMW-Aktie reicht aus, um den o. g. Kurs zu rechtfertigen. Je mehr Laufzeit noch zur Verfügung steht, desto höher wird natürlich dieser „Hoffnungsaufschlag" ausfallen.
- Sollte die Aktie allerdings in den letzten Wochen vor Ablauf immer noch – oder wieder – mehr oder weniger deutlich unter 30 EUR notieren, so wird der OS-Kurs rasch ver-

fallen. Der Optionsschein hat damit hochwirksam „Kapital vernichtet" und das nur, weil die BMW-Aktie nicht zur richtigen Zeit die richtige Kurshöhe erreicht hat.

- Bei einem BMW-Kurs von z. B. 50 EUR innerhalb der Laufzeit würde der Call einen inneren Wert von 2 EUR aufweisen, denn man könnte bei Einsatz von 10 OS die Aktie für 30 EUR erwerben und sie am Markt sofort für 50 EUR wieder verkaufen.

Wichtig: das Bezugsverhältnis

Wie die gerade dargestellte Berechnung zeigt, ist es zur Beurteilung der Preiswürdigkeit eines Optionsscheins unverzichtbar, auch sein Bezugsverhältnis (BV) genau zu kennen. Bei den meisten Warrants ist das BV standardisiert, d. h. man findet am Markt praktisch ausschließlich Scheine, die sich auf 100 $ (BV 1:100), 10 000 Y (1:10 000), oder z. B. 100 EUR Nennwert einer Anleihe beziehen; im Falle des DAX kontrollieren meistens 100 Scheine 1 x den DAX (100:1). Aktien-Optionsscheine hingegen weisen ganz unterschiedliche Bezugsverhältnisse auf. Mal beträgt das BV schlicht 1:1, mal braucht man mehrere Scheine, um eine Aktie zum Basispreis (ver)kaufen zu können (s. o.), mal kann man mit einem OS mehrere Aktien bewegen.

Beispiel: Auswirkungen auf Wert und Kurs eines Warrants

Nehmen wir folgendes Beispiel an:
Die Aktie X notiert bei 400 EUR. Am Markt gehen u. a. zwei Calls auf X um, Schein A und Schein B. Beide haben einen

Ausübungspreis von 300 EUR sowie eine identische Restlaufzeit von 3 Monaten. Während Schein A mit einem Bezugsverhältnis von 1:1 ausgestattet ist, beträgt das Bezugsrecht für Schein B 2:1.
Berechnung des inneren Werts:

Schein A:	(400 – 300) : 1 = 100 EUR
Schein B:	(400 – 300) : 2 = 50 EUR

Bei Schein B werden zwei Scheine benötigt, um den Vorteil von 100 EUR realisieren zu können. Auch nach Addition des Zeitwerts wird der Kurs von Schein A fast doppelt so hoch liegen wie der von Schein B.

Amerikanische oder europäische Art?

Optionsscheine amerikanischer Art (*american style*) dürfen zu jedem beliebigen Zeitpunkt ihrer Laufzeit ausgeübt werden. Sie sind am Markt mit großem Abstand in der Überzahl. Der innere Wert bildet eine absolute Kursuntergrenze, da er jederzeit durch Ausüben des Warrants realisiert werden könnte.

Optionsscheine europäischer Art (*european style*) können nur am Verfallstag selbst ausgeübt werden. Sie weisen einen abweichenden Kursverlauf auf.

So berechnen Sie die Bewertungskennzahlen für Optionsscheine

Die komplexen finanzmathematischen Hintergründe des Kursverlaufs von Optionsscheinen verführten die Jongleure dieses Fachbereichs mit der Zeit zur Entwicklung und Ableitung immer neuer Kennzahlen, die die relative Vorteilhaftigkeit eines Warrants bewerten und damit letztlich Ein- bzw. Ausstiegssignale liefern sollten. An dieser Stelle können nur die gängigsten Größen vorgestellt werden. Der an fortgeschrittenen Parametern interessierte Leser sei auf die einschlägige Fachliteratur verwiesen.

Der Hebel: Meßlatte für Volatilität gegenüber dem Basiskurs

■ *Der (theoretische) Hebel gibt an, um wieviel Prozent sich der Optionsscheinkurs verändert, wenn sich das* Basisinstrument *um 1 % bewegt.* ■

$$\frac{\text{prozentuale Veränderung des Optionsscheins}}{\text{prozentuale Veränderung des Basisinstruments}} = \text{Hebel}$$

Je höher der *Hebel* eines Optionsscheins, desto größer seine Volatilität und damit auch die ihm innewohnenden Risiken; die Chancen erhöhen sich nicht unbedingt in gleichem Maße, insbesondere bei Scheinen aus dem Geld.

Zuweilen findet man neben diesem theoretischen Hebel auch noch Angaben zu einem aktuellen Hebel, der sich errechnet durch Division des Basiskurses durch den OS-Kurs, unter Berücksichtigung des Bezugsverhältnisses. In diesem TaschenGuide ist mit Hebel stets der theoretische Hebel gemeint.

Das Aufgeld vergleicht OS-Ausübung und direkten Kauf/Verkauf

Das *Aufgeld* eines Call-Optionsscheins weist den prozentualen Mehrbetrag aus, der bei Bezug des Basisinstruments durch Ausüben des Scheins im Vergleich zu seinem direkten Kauf anfällt.

Bei der Berechnung ist das Bezugsverhältnis zu berücksichtigen. Angenommen, das BV betrüge 100:1, so ergäbe sich folgende Formel:

$$\frac{\frac{\text{Ausübungspreis}}{100} + (\text{OS} - \text{Kurs})}{\frac{\text{Kurs Basis}}{100}} = \text{Aufgeld (in \%)}$$

Bezieht man dann noch zusätzlich das Ergebnis auf die Restlaufzeit (in Tagen), so erhält man das *jährliche Aufgeld.*

$$\frac{\text{Aufgeld x 365}}{\text{Restlaufzeit}} = \text{Aufgeld p. a. (in \%)}$$

Das **Aufgeld von Puts** gibt entsprechend den Mehraufwand bei Verkauf durch Ausüben vs. direkten Verkauf wieder. Dabei sind Dividend und Divisor zu vertauschen, wobei vom Ausübungspreis der OS-Kurs subtrahiert werden muß. Bei o. g. Bezugsverhältnis ergibt sich folgende Formel:

$$\frac{\frac{\text{Basiskurs}}{100}}{\frac{\text{Ausübungspreis}}{100} - (\text{OS} - \text{Kurs})} = \text{Aufgeld (in \%)}$$

Die Volatilität

Die Volatilität beschreibt normalerweise die Heftigkeit, mit der Kurse in der Vergangenheit von einem mittleren Trend abgewichen sind. Man spricht daher auch von *historischer Volatilität*.

■ *Man kann für jeden Optionsschein neben dieser historischen Volatilität aber auch eine am Markt erwartete Schwankungsintensität ermitteln. Diese* implizite Volatilität *wirkt sich auf die Kursfindung aus, da die Marktteilnehmer tendenziell höhere Volatilitätserwartungen mit höheren Gewinnchancen gleichsetzen.* ■

Kursverläufe von Optionsscheinen – Beispiele und Berechnungen

Eigenschaften und Bewertungskennzahlen von Optionsscheinen sind überaus komplex und nicht immer leicht zugänglich. Einige Beispiele mögen die Zusammenhänge illustrieren und erläutern. Anhand von drei Schaubildern werden typische

Kursverläufe verschiedenartiger Optionsscheine (2 Calls und 1 Put) den Kursverläufen ihres jeweiligen Basisinstruments gegenübergestellt und einige Berechnungen dazu angestellt.

Die Beispiele beziehen sich alle auf das 1. Quartal 1994, das besonders markante und lehrreiche Entwicklungen aufwies; die daraus gewonnenen Erkenntnisse lassen sich aber ohne Einschränkung auf die Gegenwart übertragen. Alle Beispiel-OS sind „amerikanischer Art".

Beispiel: Optionsschein unter Normalbedingungen

Im folgenden handelt es sich um einen deutlich im Geld liegenden Call auf den DAX (Basispreis 1 750), der im betrachteten Zeitraum noch eine komfortable Restlaufzeit von rund 1 Jahr aufweist. In der Folge setzt sich sein Kurs aus einem relativ hohen inneren Wert und einer vergleichsweise kleinen Zeitwertkomponente zusammen, wie die folgende Berechnung zeigt.

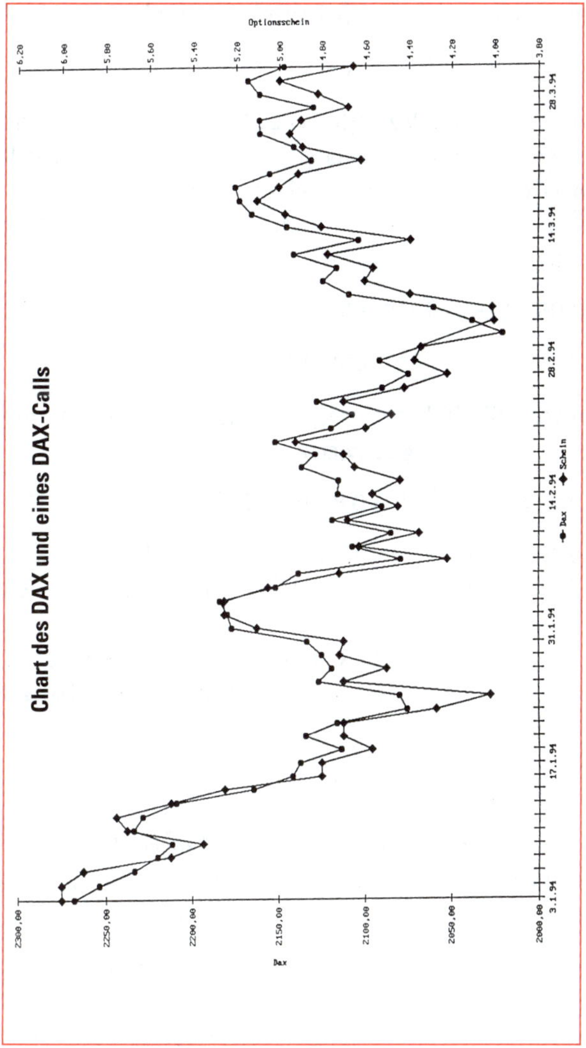

Der Kurs dieses Optionsscheins im Geld (Call) bewegt sich ähnlich wie der Kurs seines Basisinstruments (DAXC).

Berechnungsbeispiel für den Call

Zeitpunkt: 3. 1. 1994, Kurs: 6 DM

Innerer Wert: Der DAX steht bei 2268. (Obwohl der Index als solcher natürlich nicht erworben werden kann, sei dies im folgenden einfach unterstellt.) Wenn man nun unter Einsatz von 100 OS den DAX für 1.750 (DM) kaufen kann, so errechnet sich folgender Vorteil:

100 OS: 2 268 - 1 750 = 518

1 OS **5,18 DM (iW)**

Zeitwert: Die Differenz zwischen Kurs (6 DM) und innerem Wert entspricht dem Zeitwert:

6 DM - 5,18 DM (iW) = **0,82 DM (ZW)**

Hebel: Der Call bewegt sich erwartungsgemäß proportional zu seinem Basisinstrument, wenn auch um einen (moderaten) Hebel verstärkt. Er läßt sich für die fragliche Zeit ermitteln aus einer Veränderung des DAX um -5,29 % (von 2 268 auf 2 148) und einem Fall des Scheins um -22,33 % (von 6 DM auf 4,66 DM):

$$\frac{-22{,}33}{-5{,}29} = 4{,}22$$

Der Hebel von 4,22 liegt im unteren Bereich der üblichen Bandbreite und besagt, daß sich der OS-Kurs um 4,22 % bewegt, wenn sich der DAX um 1 % verändert.

Aufgeld: In Beziehung zu setzen sind der Betrag, den der Bezug des Basisinstruments durch Ausüben des Scheins erfordert und sein Preis bei direktem Kauf. Im vorliegenden Fall ist zu berücksichtigen, daß erst 100 OS dazu berechtigen, „1 x den DAX zu kaufen", ein Schein sich also auf 1/100 DAX bezieht. Nach der Formel

$$\frac{\frac{\text{Ausübungspreis}}{100} + (\text{OS} - \text{Kurs})}{\frac{\text{Dax}}{100}} = \text{Aufgeld}$$

ergibt sich konkret, zu Beginn des betrachteten Zeitraums:

$$\frac{\frac{1750}{100} + 6}{\frac{2268}{100}} = \frac{23{,}5}{22{,}68} = +\,3{,}62\ \%$$

Das jährliche Aufgeld ist bei einer Restlaufzeit von 402 Tagen:

$$\frac{3{,}62 \times 365}{402}\ \% = +\,3{,}28\ \%\ \text{p. a.}$$

Für den Zeitpunkt Ende März ergibt sich:

Aufgeld +3,17 % jährliches Aufgeld +3,65 % p. a.

■ *Generell gilt: Weit im Geld liegende Scheine werden aufgrund ihres hohen inneren Wertes von den gefürchteten Auswirkungen des zwangsläufigen Zeitwertverlustes weitaus weniger in Mitleidenschaft gezogen als Scheine aus dem Geld, die ja nur noch über Zeitwert verfügen. Der geringere Hebel wird dem Anleger also von einem erheblich kleineren Risiko versüßt.* ■

Beispiel für einen verlustreichen Call

Das nächste Schaubild zeigt den Chart der 30jährigen Bundesanleihe aus dem Jahre 1994 mit einer Nominalverzinsung von 6,25 % sowie einen Call, der zum Bezug von 100 DM nominal bei einem Ausübungspreis von 99,5 % berechtigt und eine knapp einjährige Laufzeit aufweist. Anleihe und Call kamen fast gleichzeitig auf den Markt.

Zunächst fällt auf, daß schon das Basisinstrument in dieser kurzen Zeit mit spektakulären Kursverlusten von rund 10 % aufwartete – ein eindrucksvoller Beleg für die hohe Volatilität derart lang laufender Anleihen. Für den Call-Käufer erwies sich die dahinter stehende Schwäche des gesamten Kapitalmarkts geradezu als Fiasko: Er verlor in diesen Wochen, die erst 1/4 der OS-Laufzeit entsprachen, bereits mehr als 80 % des Emissionspreises.

Ursache dafür war die rasante Bewegung aus dem Geld, die den Marktteilnehmern schon Ende Februar jede Hoffnung nahm, daß der Schein während der verbleibenden Zeit noch einmal einen inneren Wert aufbauen könnte. So kann man im März eine typische Eigenschaft solcher verfallener Warrants bestätigt finden: Selbst deutliche Erholungstendenzen des Basisinstruments vermögen keine nennenswerten Kurssteigerungen des Scheins mehr auszulösen. Letzterer erweist sich nur mehr abwärts als volatil bzw. hebelstark, während aufwärts kaum noch Bewegungen stattfinden.

■ *Es sei daher eindringlich davor gewarnt, weit aus dem Geld liegende Scheine ins Depot zu nehmen, wobei insbesondere die Kombination mit einer relativ kurzen Restlaufzeit nur als tollkühn bezeichnet werden kann.* ■

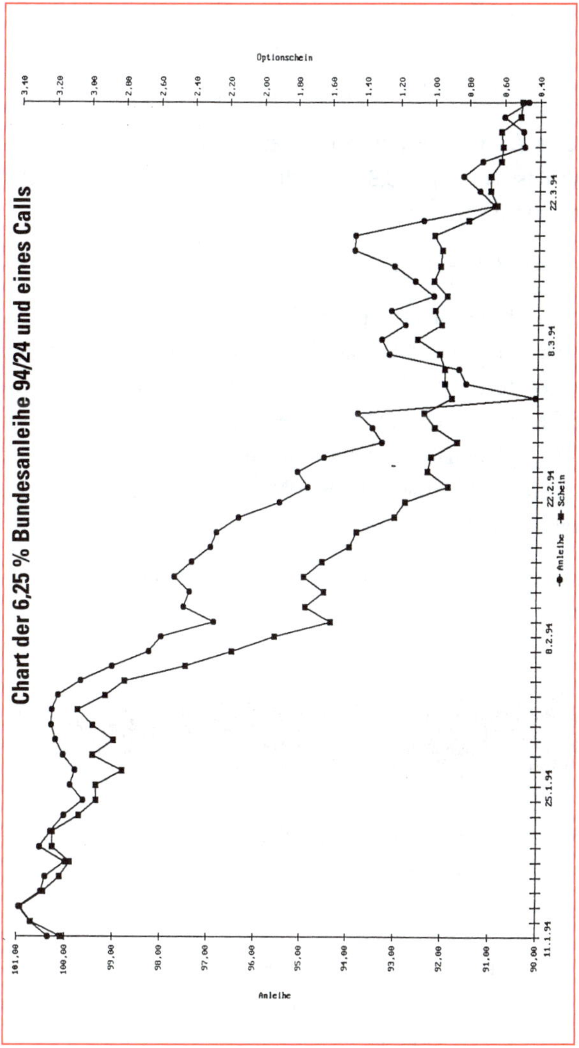

Verlauf eines Calls, der sich rasant aus dem Geld bewegt und sich nicht mehr erholt

Weitere Berechnungen

An seinem besten Tag (13. 1.) stellte sich der Schein – bei einem Kurs von 3,38 DM – wie folgt dar:

Innerer Wert: 1,45 DM (errechnet aus der Differenz des Anleihe-Kassakurses 100,95 und des Ausübungspreises 99,50), immerhin nicht sehr viel niedriger als der

Zeitwert: 3,38 – 1,45 = 1,93.

Doch noch im Januar ist der OS endgültig aus dem Geld gelaufen, d. h. er hat nie wieder einen inneren Wert aufgebaut; jeder weitere Tageskurs entsprach nur noch dem momentanen Zeitwert. Der Rückgang der Anleihe um 10,1 % (von 100,35 auf 90,24) führte zu einem Verfall des Scheins um 84,1 % (von 3,15 DM auf 0,50 DM); das entspricht einem **Hebel** von -84,1: -10,1 = **8,3**.

Die Berechnung des Aufgelds erfolgt in entsprechender Anwendung der bekannten Formel:

$$\frac{\text{Ausübungspreis} + (\text{OS-Kurs})}{\text{Anleihekurs}} = \frac{99{,}5 + 3{,}15}{100{,}35} = \frac{102{,}65}{100{,}35} \Rightarrow +2{,}29\ \%$$

Das jährliche Aufgeld bei einer Restlaufzeit von 351 Tagen:

$$\frac{2{,}29 \times 365}{351}\ \% = +2{,}38\ \%\ \text{p. a.}$$

Für den Zeitpunkt Ende März lauten die entsprechenden Zahlen **+ 10,82 % Aufgeld** und bei einer Restlaufzeit von 273 Tagen **+ 14,47 % p. a.**

Berechnungsbeispiel zu einem Put

Das Schaubild auf der nächsten Seite zeigt einen Put auf den Schweizer Franken (SFr), der – angesichts eines Basispreises von 1,15 DM/SFr – im wiederum betrachteten 1. Quartal 94 **aus dem Geld** lag und nur noch eine recht kurze Restlaufzeit aufwies.

> ■ *Put und Basisinstrument müssen im Prinzip umgekehrt proportional zueinander verlaufen: Wenn die Basis steigt, sinkt der Put und umgekehrt.* ■

Aus dem Geld nehmen die Verlustrisiken überhand

In diesem Chart kann der Warrant selbst aus (eigentlich positiven) heftigen Abwärtsbewegungen seiner Basis (vgl. die Kursbewegungen Mitte Januar und Mitte März) nur noch wenig Honig saugen. Auch hier verhinderte die zu geringe Restlaufzeit, daß im Markt noch einmal Hoffnungen auf einen inneren Wert hätten keimen können.

Die Berechnungsdaten des Puts

OS-Kurs = jeweiliger Zeitwert (da „Ausüben + Gegengeschäft" keinen Vorteil, sondern sogar Verluste brächte und somit kein innerer Wert vorhanden ist)

Aufgeld Anfang Januar:

$$\frac{\text{Basiskurs}}{\text{Ausübungspreis} - (\text{OS-Kurs})} = \frac{117{,}28}{115-0{,}5} \Rightarrow +2{,}37\ \%$$

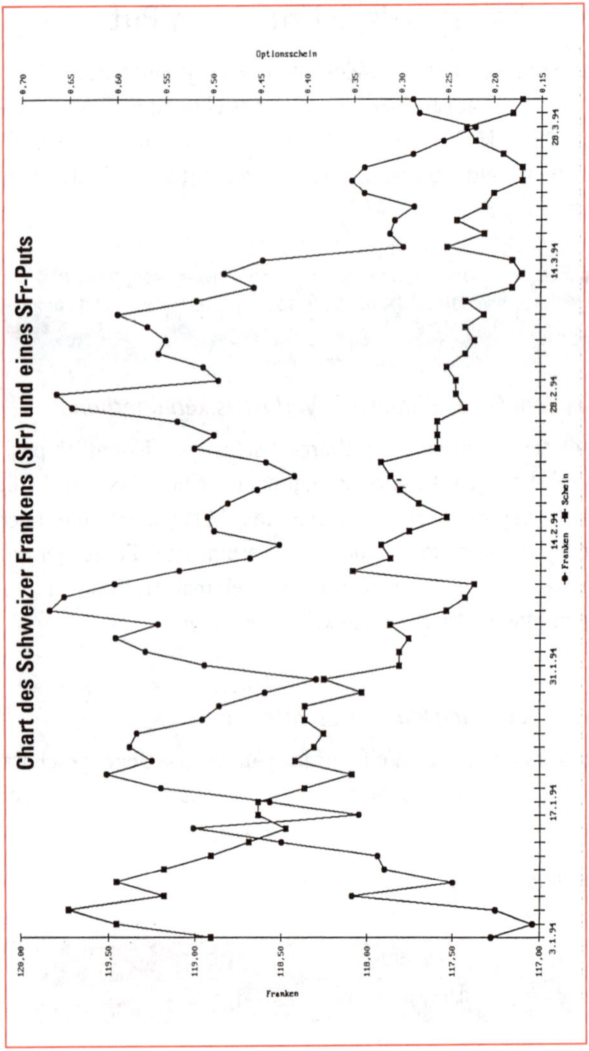

Put und Basisinstrument bewegen sich i. d. R. gegenläufig.

Jährliches Aufgeld bei 161 Tagen Restlaufzeit:

$$\frac{2{,}37 \times 365}{161} \% = +5{,}37 \% \text{ p. a.}$$

Ende März beträgt das Aufgeld entsprechend + 2,48 % und bei 75 Tagen Restlaufzeit + 12,07 % p. a.

Hebel: Während dieser Zeit stieg der SFr von 117,28 DM auf 117,75 DM = + 0,4 %; der OS fiel von 0,50 DM auf 0,17 DM = -66 %. Der Hebel betrug -66 : +0,4 = **-165**

Optionsscheinkäufe sind nicht auf die leichte Schulter zu nehmen. Ein Investor, der auf den damit verbundenen Nervenkitzel partout nicht verzichten möchte, sollte keinesfalls „irgendeinen" Warrant erwerben, sondern die OS-Eigenschaften auf die spezifische Situation – seine exakte Einschätzung der zukünftigen Entwicklung des Basisinstruments, seine Risikobereitschaft, usw. – genauestens abstimmen.

Optionsscheine zur Kursabsicherung

Für den kühlen Rechner bieten sich Optionsscheine nicht nur zu spekulativen Zwecken an; vielmehr können sie ihm auch als „Versicherung" dienen, insbesondere zur Absicherung bestehender Wertpapier-Engagements gegen Kursverluste.

Verfügt der Investor über ein Aktiendepot (im Wert von z. B. 42.000 EUR), das in seiner Zusammensetzung dem DAX ähnelt, so kann er es durch den Kauf von DAX-Puts absichern. Da sich 100 Scheine auf 1 DAX beziehen, benötigt man bei einem Indexstand von z. B. 7000 Punkten:

(42 000 : 7 000) x 100 = 600 Puts

Basisinstrument und Puts entwickeln sich im Normalfall gegenläufig. Wenn nun der DAX fällt und damit die Aktien des

o. g. Depots an Wert verlieren, so wird der Kursgewinn der Puts für einen Ausgleich sorgen. Im schlimmsten Fall steigen die Aktien unaufhörlich weiter: Der Anleger büßt dann maximal die Versicherungsprämie, d. h. den Kaufpreis der Puts ein, und dieser Verlust läßt sich durch geeignete Strategien sogar noch weiter begrenzen.

Eine derartige Vorgehensweise eignet sich durchaus auch für den Privatinvestor, etwa zur Vermeidung der Spekulationssteuer: Erwartet man in den letzten Wochen der (derzeit einjährigen) Mindesthaltedauer eher fallende Kurse, kann es sinnvoll sein, sich gegen eine solche Marktentwicklung durch den Erwerb der entsprechenden Puts zu wappnen.

Sonderkonstruktionen

Der Optionsscheinmarkt gilt unter den Emittenten als profitables und damit attraktives Betätigungsfeld, auf dem sie sich daher einen andauernden Kampf um Marktanteile liefern. Diese Konkurrenzsituation hat zu einer kaum noch überschaubaren Vielfalt an Spezialkonstruktionen geführt.

- Diese innovativen Sonderkonstruktionen erfordern vom Anleger ein genaues Studium der Optionsbedingungen sowie die aufmerksame Beobachtung der Marktresonanz.
- Ob sich ein Engagement in diesen Papieren letztlich in einer Performance-Verbesserung niederschlägt, muß der individuellen Einschätzung des Investors überlassen bleiben.

Auswahl an Innovationen auf dem Optionsschein-markt

- **Power-OS** quadrieren die Hebelwirkung; zum Ausgleich wird ein Cap eingezogen, d. h. von einem bestimmten Kurs des Basisinstruments an erfolgt keine weitere Wertsteigerung des Scheins.
- Im Falle von **Choosern** muß sich der Käufer erst zu einem festgelegten Zeitpunkt während der Laufzeit des Scheins entscheiden, ob es sich um einen Put oder einen Call handeln soll.
- Ein **Knockout** verfällt, wenn das Basisinstrument irgendwann während der Laufzeit einen festgelegten Kurs über- bzw. unterschreitet.
- **Hamster** steht für „Hoffnung auf Marktstabilität in einer Range": Tage, an denen sich der Kurs des Basisinstruments in einer vorgegebenen Spanne bewegt, steigern den Wert des Scheins.
- **Cool**-Scheine bieten eine „Chance of Optimal Leverage" und verbriefen neben der üblichen Standardausstattung das zusätzliche Recht auf Vergütung einer festgelegten Prämie, wenn das Basisinstrument eine vorgegebene enge Bandbreite während der Laufzeit nie verlassen hat.

Risiken beim Engagement in Wertpapieren

Um nicht in ungesunde Euphorie zu geraten, sollte sich jeder Anlageinteressent über die Risiken im klaren sein, die mit den vorgestellten Wertpapieren verbunden sind.

Risiken, die Sie bei allen Instrumenten einkalkulieren müssen

- **Konjunkturrisiko**: Gefahr von Kursverlusten durch Kauf oder Halten von Wertpapieren in einer ungünstigen Konjunkturphase.
- **Währungsrisiko**: Die Entwicklung an den Devisenmärkten wirkt sich in den meisten Fällen gravierender aus als Zinsdifferenzen und kann u. U. sogar hohe nominale Aktiengewinne kompensieren.
- **Liquiditätsrisiko**: Tiefe und Breite des Markts entscheiden, ob der Anleger jederzeit zu marktgerechten Preisen wieder verkaufen kann
  - Tiefe: Wieviel Kauf-/Verkaufsaufträge sind im Markt?
  - Breite: Welche Handelsvolumina stehen dahinter?
- **Risiko bei Kreditfinanzierung**: Zur Realisierung sog. „Zinsdifferenzgeschäfte" (Verschuldung in niedrig verzinster, Anlage in hoch verzinster Währung) blähen spekulativ eingestellte Anleger ihr Depot nicht selten durch

Fremdfinanzierung, also Kredite, erheblich auf. Im Falle unerwarteter Marktentwicklungen kann diese Überschuldung jedoch zum Zwangsverkauf größerer Wertpapierbestände führen, und zwar meist zu besonders ungünstigen Bedingungen.

- **Steuerliche Überraschungen**: Jede Steuerrechtsänderung kann die Kurse bewegen. Gerade innovative Anlageformen, die zur Nutzung vermeintlicher (legaler) Schlupflöcher ersonnen wurden, laufen Gefahr, von den Mühlen der Gesetzgebung auf dem falschen Fuß erwischt zu werden.
- **Informationsrisiko**: Beinahe jeder Privatanleger gerät in Versuchung, die ihm zur Verfügung stehenden Informationen hinsichtlich ihrer Lückenlosigkeit und Qualität überzubewerten; weitere Fehler entstehen, wenn eigentlich zutreffende Hinweise vor lauter Begeisterung über- und damit falsch interpretiert werden.
- **Übermittlungsrisiko**: Insbesondere bei der telefonischen Auftragsvergabe sollte man sich der Gefahr von Übermittlungsfehlern immer bewußt sein. Am sichersten lassen sich Verwechslungen vermeiden, wenn man grundsätzlich die *Wertpapierkennummer* seines Papiers angibt; andernfalls muß zumindest die Beschreibung des gewünschten Werts mit allen erhältlichen Details erfolgen.
- **Nebenkostenrisiko**: Die Höhe der Spesen bleibt auch in Zeiten von *Discountbrokern* ein aktuelles Thema. So sollten vor allem bei kleinen Transaktionen die Mindestkosten für Abwicklung und Verwahrung vorher geklärt werden, um unangenehme Überraschungen zu vermeiden.

- **Kursprognosen stimmen nur zufällig:** Da die punktgenau formulierten Kursprognosen, mit denen der Anleger überhäuft wird, in den seltensten Fällen aus göttlicher Feder stammen, suggerieren sie ihm eine gefährliche Schein-Berechenbarkeit der Märkte, auf die er sich im Interesse seiner psychischen und finanziellen Gesundheit besser nicht einlassen sollte.
- **Psychologie der Marktteilnehmer:** Ein nicht zu unterschätzendes Risiko liegt in der Tatsache, daß irrationale Verhaltensweisen der Marktteilnehmer häufig die aus fundamentaler Sicht eigentlich zu erwartenden Kursbewegungen überkompensieren und damit zu unberechenbaren Ausschlägen führen. Auslöser können z. B. sein
  - ein Bullen- bzw. Bärenmarkt: Die Festlegung des Marktes auf eine einzige derzeit denkbare Richtung führt dazu, daß anders gerichtete Informationen allgemein ignoriert werden. Umgekehrt können ähnliche Ereignisse je nach Stimmung zu unterschiedlichen Kursreaktionen führen.
  - Meinungsführer können den Markt eine Zeitlang vom rechten Wege abbringen.
  - Computergestützte Handelsaktivitäten führen beinahe schon regelmäßig zu sich selbst verstärkenden Prozessen.
  - Die Globalisierung der Märkte verursacht oft auch bei vollkommen gesunden Unternehmen empfindliche Kurseinbußen, wenn etwa ein bracheninterner Konkurrent am anderen Ende der Welt in Probleme gerät.

Die Risiken bei Aktien

- **Konkursrisiko:** Aktien sind zwar in ihrer Gesamtheit längerfristig eine sehr renditestarke und auch recht sichere Anlage, doch kann der Kauf von Pleitekandidaten im Extremfall den vollständigen Verlust des Einsatzes bedeuten.
- **Kursänderungsrisiko:** Die potentiell kursändernd wirkenden Faktoren lassen sich unterteilen in
  - langfristig wirksame Einflüsse: unternehmensspezifisches Risiko, Marktrisiko
  - mittelfristige: Wirtschafts-, Währungs-, Geldpolitik
  - kurzfristige: aktuelle (inter)nationale Ereignisse.
- **Dividendenrisiko**: Die Dividendenrendite bezieht sich auf den aktuellen Kurs; da es keinerlei Garantie für eine Kontinuität der Ausschüttungen gibt, muß sich der Anleger ein eigenes Urteil über die zukünftige Gewinnsituation des Unternehmens erarbeiten, um dann eine zukunftsorientierte Dividendenschätzung vornehmen zu können.

Die Risiken bei Anleihen

- **Bonitätsrisiko (Schuldner-, Emittentenrisiko):** Die Gefahr der vorübergehenden oder endgültigen Zahlungsunfähigkeit sollte bei jedem Kauf von Anleihen minderer Qualität einkalkuliert werden. Vergessen Sie nicht den dynamischen Aspekt der Bonität, Ratings beziehen sich nur auf die Vergangenheit! Änderungen können durch politische, konjunkturelle oder unternehmensspezifische Entwicklungen eintreten und wirken meistens direkt auf die Kurse der ausstehenden Papiere ein.

- **Inflationsrisiko:** Die Geldentwertung schmälert die Substanz und den erwarteten Ertrag; erstklassige Anleihen reichen nach Steuern oft nicht einmal für die Substanzerhaltung; bei extremer Inflation oder Währungsschnitten erweisen sich Sachwerte als relativ beständiger.
- **Länderrisiko/Transferrisiko:** In Einzelfällen ist es möglich, daß ein ausländischer Schuldner trotz eigener Zahlungsfähigkeit aufgrund einer fehlenden Transferfähigkeit bzw. -bereitschaft seines Sitzlandes Zins- und/oder Tilgungsleistungen nicht fristgerecht oder überhaupt nicht leistet (wegen Devisenmangels, Änderung der Machtverhältnisse o. ä.). Aufgrund des Länderrisikos spielt also auch das Rating des jeweiligen Staates bei der Bonitätsbewertung von Unternehmen eine große Rolle.
- **Zinsänderungsrisiko:** Die eigene Einschätzung der zukünftigen Zinsentwicklung und damit der Marktsituation allein entscheidet, welche Anleihearten und -laufzeiten in Frage kommen.
- **Kündigungsrisiko:** Der Anleger muß vor dem Kauf Informationen darüber einholen, ob und inwieweit das ins Auge gefaßte Rentenpapier mit einem Kündigungsrecht des Emittenten ausgestattet ist (meist zum *Coupontermin*); je tiefer das Marktzinsniveau sinkt und je höher die Anleihekurse steigen, desto wahrscheinlicher wird eine Kündigung und desto größer werden auch die drohenden Kursverluste.
- **Auslosungsrisiko:** In der Bundesrepublik handelt es sich insbesondere bei einer Vielzahl von Emissionen der Öffentlichen Hand um sog. Tilgungsanleihen, für die be-

reits bei der Ausgabe ein fester Rückzahlungsplan besteht. Es erfolgen dann zu den angekündigten Zeitpunkten Auslosungen, mittels derer die lfd. Nummern der jeweils einzuziehenden Stücke ermittelt werden. Für die betroffenen Anleger entspricht der Effekt dem des Kündigungsrisikos.

- **Sonderrisiken einiger spezieller Anleihearten:** Floater bescheren ihrem Inhaber schwankende Zinserträge, so daß sich keine sichere Gesamtrendite bis zum Laufzeitende angeben läßt. Reverse Floater und Zerobonds weisen größere Kursausschläge auf als Festzinsanleihen. Wandelanleihen liegen hinsichtlich ihres Risikos zwischen Anleihe und Aktie (der Kurs sinkt höchstens bis zum Erreichen der Marktverzinsung).

Die Risiken bei Optionsscheinen

- **Hebelwirkung:** Optionsscheine dienen aus der Sicht des Anlegers dazu, die Kursbewegungen des Basisinstruments in ihrer Wirkung zu verstärken. Dies gelingt den Warrants um so besser, je kürzer ihre Restlaufzeit ist und je weiter sie aus dem Geld liegen. Nur zu oft wirkt der Hebel jedoch in nicht erwarteter Richtung.
- **Zeitwertrisiko:** Die Zeitwertminderung führt zu Kursverlusten, auch wenn sich der Kurs der Basis nicht ändert, und zwar umso schneller, je näher das Ende der Laufzeit kommt. Optionsscheine sollten daher nach Möglichkeit nur kurze Zeit im Depot verbleiben.
- **Risiko des Totalverlusts:** Während bei den klassischen Wertpapierarten ein Totalverlust nur für den Ausnahmefall (Existenzgefährdung des Emittenten) einkalkuliert

werden muß, liegt die entsprechende Rate für Optionsscheine bei ca. 50 %, denn letztere werden meistens als „Pärchen" (Call und Put mit gleichem Ausübungspreis) begeben, so daß zwangsläufig einer der beiden zum Laufzeitende wertlos verfallen wird.

Die folgende Tabelle faßt die aufgeführten Risiken noch einmal zusammen.

Die Risiken beim Engagement in Wertpapieren im Überblick

Allgemein	**Aktien**	**Anleihen**	**Optionsscheine**
Konjunkturrisiko	Konkursrisiko	Bonitätsrisiko	Hebelwirkung
Währungsrisiko	Kursänderungsrisiko	Inflationsrisiko	Risiko des Totalverlusts
Liquiditätsrisiko	Dividendenrisiko	Kündigungsrisiko	Zeitwertrisiko
Risiko bei Kreditfinanzierung		Zinsänderungsrisiko	
„Steuerliche Überraschungen"		Länder-/Transferrisiko	
Informationsrisiko		Auslosungsrisiko	
Übermittlungsgröße		Sonderrisiken von Spezialanlagen	
Nebenkostenrisiko			
„Wert" von Kursprognosen			
Psychologie der Marktteilnehmer			

Der Devisenmarkt

Auf ausländische Währungen lautendes Buchgeld bezeichnet man als Devisen; sie sind somit von den *Sorten* (= Bargeld) zu unterscheiden, die man beispielsweise vor dem Urlaub am Bankschalter erwirbt.

Warum die Vorgänge am Devisenmarkt auch für Anleger relevant sind

Heute reichen Kenntnisse über die gängigen Börseninstrumente allein kaum mehr aus. Aus vielen Gründen sollte der Anleger auch den Devisenmarkt nicht vernachlässigen.

- Alle Märkte sind heute global miteinander vernetzt. Wer also in Frankfurt die Aktien eines deutschen Standardwertes ersteht, sollte sich bewußt sein, daß
  - der Erfolg „seines" Unternehmens je nach Branche mehr oder weniger stark auch von den Exportchancen und -erlösen abhängig ist, so daß er die Wechselkurse der Haupthandelspartner im Auge behalten muß,
  - heftige Schwankungen am Devisenmarkt die Märkte verunsichern und davon auch eher binnenmarktorientierte AGs betroffen sein können.
- Die Notiz für ausländische Aktien, die an deutschen Börsen (in EUR) gehandelt werden, bildet sich – von kleinen

temporären Marktungleichgewichten abgesehen – als Produkt ihres Kurses an der Heimatbörse und des jeweiligen Devisenkurses.

- Im Vorfeld eines Anleihe-Engagements sollte auch geprüft werden, ob es aufwertungsverdächtige Währungen gibt, die eine attraktive Gesamt-Performance erwarten lassen.
- Eine Segment des Optionsscheinmarkts ist das der Währungsoptionsscheine. Für Warrants auf Aktien, -indizes, Anleihen etc. gelten obige Ausführungen sinngemäß.

Die Kapitalanleger repräsentieren weltweit eine bedeutende Teilnehmergruppe am Devisenmarkt. Des weiteren interessieren sich hierfür vorrangig der Export/Importhandel, die Notenbanken sowie spekulativ orientierte Trader.

Devisenkursbeeinflussende Faktoren

All diese Anbieter und Nachfrager suchen nach geeigneten Parametern, die ihnen eine zutreffende Einschätzung der Marktentwicklung ermöglichen könnten. Erschwert wird diese Aufgabe durch die (ebenfalls veränderlichen) Abhängigkeiten der zahlreichen Währungen untereinander. Wenn ein deutscher Anleger beispielsweise in britische £ investiert, so wird er im Falle eines Schwächeanfalls des US-$ häufig auch Auswirkungen auf den £/EUR-Kurs konstatieren müssen.

Die folgenden kursprägenden Faktoren können sowohl in ihrer Zusammensetzung als auch in ihrer Gewichtung variieren und stellen nur eine Auswahl möglicher Einflüsse dar:

- Eine zentrale Bedeutung haben Erwartungen zur zukünftigen Inflations- und Zinsentwicklung. Eine geringere Geldentwertung stärkt tendenziell den Außenwert der Währung und kann zudem auch den Anstoß zu niedrigeren Rentenrenditen und damit entsprechenden Kursgewinnen geben. Währungen, deren Devisenkurs vorrangig vom hohen Zinsniveau gestützt wird, erweisen sich häufig als volatil und unberechenbar.
- Andauernde Handels- bzw. Leistungsbilanzdefizite oder -überschüsse führen zu entsprechenden Devisenströmen, die langfristige Ab- bzw. Aufwertungseffekte auslösen können, sofern sie nicht durch gegenläufig wirkende Faktoren kompensiert werden.
- Die nationale Notenbank kann das Vertrauen der Märkte in ihre Stabilitätspolitik (nach innen und außen) schnell verspielen, aber nur in jahrelanger Kleinarbeit wieder aufbauen.
- Die Kaufkraftparität ist zwar nicht ausschlaggebend, kann aber gewisse Ober- und Untergrenzen der Schwankungsbreite markieren.
- In (internationalen) Krisenzeiten erweisen sich einzelne Währungen zuweilen als „safe heaven", in dem sich das schutzsuchende Kapital am sichersten fühlt. Je nach Enge des jeweiligen Marktes können die resultierenden Aufwertungstendenzen beträchtlich sein (Beispiel: SFr).

Die Einführung des Euro hat große Teile West- und Mitteleuropas zu einem einheitlichen Währungsraum verschmolzen. Für die Wirtschaft bedeutet dies eine gesichertere Planungsgrundlage; der deutsche Anleger braucht nicht mehr zu befürchten, daß seine Kursgewinne in Irland, Finnland, Benelux, Frankreich, Österreich, Spanien, Portugal oder Italien durch Verluste der jeweiligen Landeswährung geschmälert werden.

In Zukunft werden weitere Länder den Euro übernehmen, im Falle Griechenlands wird dies schon zum 1. 1. 2001 der Fall sein.

Der Devisenmarkt büßt durch diese Vorgänge jedoch nichts von seiner grundlegenden Bedeutung für den Anleger ein. Insbesondere das Verhältnis der drei Weltwährungen Dollar, Yen und Euro zueinander wird an den Märkten auch in Zukunft für Spannung sorgen.

Die Bedeutung der Notenbank

In diesem Buch wurde bereits auf die große Bedeutung der Zinsentwicklung für den Aktienmarkt hingewiesen. Dabei stand, völlig zu recht, jeweils der Rentenmarkt im Mittelpunkt des Interesses, denn es sind in der Tat die Renditen der (langfristigen) Anleihen, die auf direktem wie auch auf indirektem Weg die relative Attraktivität von Aktien beeinflussen.

Die Rentenrenditen wiederum bilden sich als ein Ergebnis des Spiels von Angebot und Nachfrage auf den Anleihemärkten. Die Teilnehmer auf diesen Märkten orientieren sich bei ihren (Ver-)Kaufentscheidungen an einer Vielzahl von Einflußfaktoren. Sie werden investieren, wenn sie Kurs- und/oder Währungsgewinne erwarten, sie werden verkaufen, wenn ihnen Verluste wahrscheinlicher erscheinen.

In diesem Zusammenhang hat die Notenbank ein Umfeld des Vertrauens zu schaffen, das potentiellen Anleihekäufern den Erwerb von Rentenpapieren schmackhaft macht.

Im Euroland kommt diese Aufgabe seit Anfang 1999 **der Europäischen Zentralbank (EZB)** zu. Sie muß durch geschicktes Agieren die Märkte überzeugen, daß sie die Stabilität des Euro nach Kräften wahren und unterstützen wird.

Im einzelnen bedeutet dies:

Die EZB muß

- *aufkommende Inflation(serwartungen) im Keim ersticken (innere Stabilität)*
- *den Wechselkurs im Auge behalten, um drastische Änderungen am Devisenmarkt zu vermeiden (äußere Stabilität).*

Beispiel zur Jahresmitte 2000:
Die Inflation schwankt im Euroland um die von der EZB als Schmerzgrenze definierte 2-Prozent-Marke.

Der Wechselkurs des Euro (unter 1:1 zum US-$) zeigt hingegen eine bislang skeptische Einschätzung unserer neuen Währung (Anfang 1999 bekam man für 1 Euro noch 1,18 $).

Sind die beiden Vorgaben erfüllt, so stellt sich der Kauf von Euro-Anleihen – aus der Sicht der (ausschlaggebenden) ausländischen Investoren – als eine erfolgversprechende Anlagealternative dar. Daraus resultierende Käufe werden Euro-Anleihen verteuern und damit ihr Renditeniveau senken.

- *Das wichtigste Instrument der EZB-Zinspolitik ist der sogenannte* Hauptrefinanzierungssatz.

Dieser Leitzins – er lag Mitte 2000 bei 4,25 % – hat für den Anleger eine unmittelbare Bedeutung, denn er bietet ihm eine gute Orientierung hinsichtlich der mit kurzfristigen Termingeldern erreichbaren Renditen.

Aus der Höhe der Differenz zwischen Hauptrefinanzierungssatz und Rentenrenditen ergibt sich der Verlauf der Zinsstrukturkurve. Wie bereits an anderer Stelle gezeigt, sollte der Anleger auch die Zinsstruktur bei seinen Kaufentscheidungen am Anleihemarkt berücksichtigen.

Die Einflußmöglichkeiten der Notenbank auf das Marktgeschehen beschränken sich jedoch nicht auf Leitzinsveränderungen. Beispielsweise werden verbale Äußerungen aus berufenem Munde von den Börsianern sehr aufmerksam registriert; Veränderungen in der personellen Besetzung einer Notenbank können ebenfalls zu Reaktionen der Märkte führen.

So hat sich etwa Alan Greenspan während seiner bislang schon fast dreizehnjährigen Tätigkeit an der Spitze der US-amerikanischen „Fed" (Kurzname der dortigen Notenbank) das uneingeschränkte Vertrauen des Markts erarbeitet. Ein Nachfolger des inzwischen über Siebzigjährigen wird es einmal schwer haben, die Anleger nicht zu enttäuschen.

In der EZB steht derzeit der Niederländer Duisenberg als Präsident an der Spitze des EZB-Rates, eines Gremiums aus 6 EZB-Direktoren und den 11 Präsidenten der beteiligten nationalen Notenbanken.

Doch die EZB befindet sich erst am Anfang ihrer Geschichte. Die Worte ihrer Repräsentanten – seien sie nun aufmunternd oder mahnend – wiegen an den Märkten noch nicht so schwer. Aber wenn die EZB in Zukunft beweist, daß sie ihr Handeln – unabhängig von der Politik – am Wohle der Märkte ausrichtet, wird auch sie sich ein positives Image an den Börsen aufbauen können.

Spätestens von diesem Zeitpunkt an wird den deutschen Anleger der Verlust der (an den Märkten hoch geschätzten) Bundesbank nicht länger schmerzen müssen.

Die persönliche Strategie

Ein schwerwiegender Minuspunkt der klassischen Anlageberatung liegt in ihrer Tendenz zu standardisierten „Fertiggerichten". Die Vielschichtigkeit der Anlegerprofile erfordert aber genau das Gegenteil. Am Beginn einer erfolgversprechenden Selbstberatung muß die Ermittlung aller relevanten Persönlichkeitsmerkmale stehen. Als Ergebnis dieser kritischen Bestandsaufnahme ist eine klare Aussage zu treffen, ob und inwieweit die individuelle Situation mit den Gegebenheiten der Finanzmärkte in Einklang zu bringen ist.

Welcher Anlegertyp bin ich?

- Wenn ausgeprägte Risikoscheu und maximale Renditeerwartungen zusammentreffen, sollte man eher der Teilnahme an Preisausschreiben den Vorzug geben.
- Auch eine mangelnde Mittelverfügbarkeit, insbesondere für eine von vornherein begrenzte Zeit, schränkt die Möglichkeiten einer marktgerechten Wertpapierauswahl erheblich ein. Der Markt muß über den Ausstiegszeitpunkt entscheiden, nicht etwa der geplante Autokauf. Festgeldähnliche Anlagen oder eine laufzeitoptimierte Anleihenauswahl können hier Alternativen sein.
- Optionsscheine gehören nur bei erheblicher Risiko-, also auch Verlustbereitschaft, ins Depot, doch auch dann nur mit maximal 10 % des Gesamtvolumens.

- Die Gewichtung von Aktien und Anleihen wie auch die Diversifizierung dieser Instrumente (u. a.) nach verschiedenen Risikoklassen sollte sowohl anlegertyp- als auch marktorientiert erfolgen.

Die Grobstrategie

Die beiden letztgenannten Punkte lassen sich unter dem Stichwort *Depotstruktur* zusammenfassen. Zu beachten ist vor allem, daß die strategische Ausrichtung der Depotstruktur in zwei Phasen zu erfolgen hat:

1. Die Persönlichkeitsmerkmale setzen einen (relativ weiten) Rahmen für theoretisch geeignete Zusammenstellungen der verschiedenen Anlageinstrumente.
2. Der Markt entscheidet letztlich über die konkrete Ausgestaltung dieses Rahmens.

> *Die „richtige" Zusammenstellung eines Depots hängt in erheblichem Maße von der Anlegermentalität ab.*

Sind Sie risikobereit?

Eine ausgeprägtere Risikobereitschaft zeigt sich beispielsweise

- in der Beimischung spekulativer Rentenpapiere minderwertiger Schuldner,
- in der zusätzlichen Berücksichtigung von Fremdwährungsanleihen,

- bei Aktien in der tendenziellen Vernachlässigung von Substanzwerten zugunsten einer überdurchschnittlichen Gewichtung sogenannter Wachstumswerte, die oftmals bereits zum Einstiegszeitpunkt relativ hohe Kurse und damit auch erhöhte Risiken aufweisen.

Handeln Sie zyklisch oder antizyklisch?

- Der Zykliker schwimmt mit dem Strom. Er steigt ein, wenn ein Markt oder ein Wert sich bereits als erfolgreich erwiesen hat (sein Kurs sich also schon ein gutes Stück vom Tief entfernt hat), und er wird erst verkaufen, wenn bereits eine spürbare Abwärtsbewegung in Gang gekommen ist. Geschieht dies nach einer festgelegten Methode – z. B. Verkauf 5 oder 8 % unter dem erreichten Höchstkurs –, so handelt es sich um eine Variante der *Stop-loss*-Strategie.
- Der Antizykliker versucht, Wendepunkte vorauszuahnen. Er kauft daher am (vermuteten) Ende eines Abwärtstrends (also vor dem Tief) und wird verkaufen, wenn ihm die Wahrscheinlichkeit weiterer Kursgewinne nicht mehr hoch genug erscheint; das Austesten vermeintlicher Kursgipfel ist ihm zu riskant.
- Keine der beiden Varianten hat sich in der Vergangenheit als die eindeutig chancenreichere qualifizieren können, so daß eine Empfehlung für die eine oder gegen die andere an dieser Stelle unangemessen wäre.

Steigen Sie kurz- oder langfristig ein?

Schließlich muß sich der Wertpapier-Interessent fragen, wie er klassische (längerfristige) Anlageentscheidungen im Vergleich zum Trading gewichten will.

- *Trading* beschreibt ein schnelles Ein- und Aussteigen und somit die prompte Realisierung kurzfristig anfallender Gewinne (Annahme: 6 x 5 % Gewinn pro Jahr sind leichter zu erreichen als 1 x 30 %). Zu berücksichtigen ist allerdings – neben dem großen Einfluß der Spesenhöhe auf eine derartige Strategie –, daß Spekulationsgewinne über 1.000 DM/Jahr der Einkommensteuer unterliegen.

Feinabstimmung und Auftrag

> ■ *Die generell richtige Strategie existiert nicht; im Gegenteil, gerade durch flexible Anpassung der persönlichen Entscheidungsparameter und Auswahlkriterien unterscheidet sich der engagierte Investor vom Durchschnitt.* ■

Trotzdem gibt es einige Details, die als Mosaiksteinchen auf dem beschwerlichen Weg zum Börsenerfolg hilfreich sind.

Der Discountbroker hilft Spesen sparen

Für den gut informierten, zu eigenen Entscheidungen fähigen Anleger bietet es sich an, die Angebote der Discountbroker zu prüfen. Ihre Spesensätze liegen um etwa 50 bis 90 % unter denen der übrigen Institute, da sie den Investor nicht beraten, sondern ausschließlich seine Order ausführen.

Limitstrategien zur Performance-Optimierung

Auf lange Sicht ist eine sorgfältig durchdachte Verwendung von Kurslimits lohnend. Ausgangspunkte für die Suche nach der persönlichen Limitstrategie können folgende Überlegungen sein:

- Jeder ehrliche Börsianer wird zugeben müssen, daß es ihm in den seltensten Fällen gelingt, seine Kauforders am Tief- bzw. Verkäufe am Hochpunkt der Kursentwicklung zu plazieren. Es erscheint sinnvoll, sich durch geschickte Limits (z. B. 1 bis 1,5 % günstiger als der Kurs zum Zeitpunkt der Auftragsvergabe) diesen Idealpunkten noch weiter zu nähern. Dabei sollte man die Realisierung einer Kauf- oder Verkaufsidee nicht zu erzwingen versuchen, sondern die Marktentwicklung entscheiden lassen, ob das jeweilige Geschäft trotz des (gewinnoptimierenden) restriktiven Limits zustande kommt.
- Im Zuge von Kapitalerhöhungen ergibt sich am letzten Tag der Handelszeit immer wieder ein deutliches Überangebot an Bezugsrechten, die der Interessent mit scharfem Limit erwerben und sofort ausüben sollte, um die neuen Aktien gegen Zahlung des Emissionspreises günstig zu erhalten.

Welche Angaben muß der Auftrag enthalten?

- Die Limitierung ist ein im Interesse des Anlegers unverzichtbarer Bestandteil der Auftragsvergabe.
- Zur genauen Identifizierung des gewünschten Wertes eignet sich die Wertpapierkennummer (WKN) mit Abstand

am besten. Falls der Investor sie nicht ermitteln kann, muß er alle verfügbaren Details des jeweiligen Papiers angeben.

- **Bei Anleihen**: Nominalverzinsung, Emittent, Ausgabe- und Rückzahlungsjahr. Beispiel: 3,75 % Bund(esrepublik Deutschland) 1999/2009; die Mengenangabe erfolgt nicht in Stück, sondern in EUR Nennwert (häufig in 100 oder in 1.000 EUR-Stückelung).
- **Bei Optionsscheinen**: Emittent, Basisinstrument, Call oder Put, Ausübungspreis, Laufzeitende (genaues Datum). Beispiel: Deutsche Bank, DAX, Call, 5700, bis 15. 06. 2001. Zu beachten: Viele Optionsscheine werden nicht einzeln gehandelt, sondern z. B. à 100 Stück.

Laufzeit des Auftrags und Ausführungsort

Auch die Laufzeit des Auftrags gilt es sachgerecht festzulegen. So dürfte etwa am 27. eines Monats der üblicherweise stillschweigend vereinbarte Termin „Ultimo" (bis Monatsende) nicht das Optimum darstellen.

Nur bei Sonderwünschen ist der Ort der Ausführung, also die präferierte Börse anzugeben, sei es z. B., weil ein Auslandswert nur an einer bestimmten (kleineren) deutschen Börse notiert oder der Investor ihn an seiner Heimatbörse erstehen möchte.

Checkliste: Ihre persönliche Strategie

- Welcher Anlegertyp sind Sie? Werden Sie sich über Ihre Persönlichkeitsmerkmale klar!
  - Wie hoch ist Ihre Risikobereitschaft und wie läßt sie sich mit ihrer Renditeerwartung vereinbaren?
  - Wie hoch sind Ihre verfügbaren Mittel, wie langfristig wollen Sie sie einsetzen?
- Depotstruktur
  - Setzen Sie Ihren Rahmen fest und gestalten Sie diesen dann konkret aus, indem Sie sich am Markt orientieren.
  - Treffen Sie Ihre Auswahl und Gewichtung von Aktien und Anleihen. Optionsscheine sollten Sie nur bis maximal 10 % in Ihr Depot nehmen.
- So können Sie Ihre Risikobereitschaft z. B. festmachen:
  - Tendieren Sie zu spekulativen Anleihen minderwertiger Ratings oder wollen Sie sich lieber auf Schuldner erstklassiger Bonität verlassen?
  - Wenn Sie Fremdwährungsanleihen ins Depot nehmen wollen, sollten Sie risikobereit sein, vor allem aber den Devisenmarkt ausgezeichnet kennen.
  - Wenn Sie das Risiko niedriger halten wollen, sollten Sie Substanzwerte den Wachstumswerten vorziehen.

- Finden Sie heraus, ob Sie eher mit dem Strom schwimmen oder dagegen. Weder zyklisches noch antizyklisches Verhalten ist jedoch generell chancenreicher, auch eine Kombination beider Vorgehensweisen kann – je nach AG – sinnvoll sein.

- Wie schnell wollen Sie handeln und Ergebnisse sehen? Wenn Sie kurz entschlossen sind: Trading anstelle längerfristiger Anlagen.

- Feinabstimmung
  - Wenn Sie sich gut informiert haben, können Sie Spesen sparen mit einem Discountbroker, ansonsten gehen Sie lieber zur Bank.
  - Limitstrategien festlegen lohnt sich immer.
  - Orderausführung: auf notwendige Angaben, Laufzeit und für spezielle Aufträge evtl. auf den Börsenstandort achten.

- Die eigentliche Auswahl der anzuschaffenden Wertpapiere erfolgt dann aufgrund Ihrer eigenen Meinung zu den in (näherer) Zukunft vorrangig kursbewegenden Faktoren. Notwendiger Input für den Entscheidungsprozeß sind neben Indizes, Kennzahlen etc. fortlaufende Informationen zum wirtschaftlichen und politischen Geschehen im eigenen Land wie auf der ganzen Welt.

Glossar

In diesem Glossar finden Sie alle Begriffe erklärt, die im Buch *kursiv* gedruckt sind. Worte nach einem ⇨ stellen ein eigenes Stichwort dar. Die Zahl in Klammern nennt die Seite der ersten Verwendung des jeweiligen Begriffs.

Aktie: Wertpapier, das einen Eigentumsanteil am Gesamtvermögen einer Aktiengesellschaft (AG) verbrieft und den Besitzer (Aktionär) über Ausschüttungen (⇨ Dividende) zur Teilhabe an den Gewinnen berechtigt. Aktien sind weniger spekulativ als allgemein angenommen; langfristig versprechen sie i. d. R. gute Renditen durch Kursgewinne. Physisch besteht eine Aktie aus dem ⇨ Mantel und dem ⇨ Bogen, ⇨ Stammaktie, ⇨ Vorzugsaktie, ⇨ Inhaberaktie, ⇨ Namensaktie, ⇨ Berichtigungsaktie, ⇨ junge Aktie. (14)

Aktienindex: Börsenbarometer, das die Kurstendenz des betreffenden Aktienmarkts anzeigt. ⇨ DAX, ⇨ Stoxx (21)

american style: Bestimmte ⇨ Optionsscheine, die während ihrer gesamten Laufzeit ⇨ ausgeübt werden können (74)

am Geld (at the money): Optionsscheine (OS) sind am Geld, wenn ihr ⇨ Basisinstrument auf der Höhe des ⇨ Ausübungspreises notiert. Beispiel: Berechtigt ein OS seinen Inhaber dazu, eine Aktie X für 50 EUR zu kaufen und liegt der Kurs der Aktie X bei 50 EUR, ist der OS am Geld. Vgl. ⇨ im Geld, ⇨ aus dem Geld (71)

Anleihe (Rentenpapier): Wertpapier, das seinem Käufer gegenüber dem Emittenten den Status eines Gläubigers verleiht und Zinsen einbringt. (11)

Aufgeld: 1. Aufschlag auf den ⇨ Nennwert, insbesondere bei der Festsetzung des Emissionspreises einer Anleihe. 2. Bei ⇨ Optionsscheinen gleich dem prozentualen Mehrbetrag, der bei Bezug des Basisinstruments durch ⇨ Ausüben des OS im Vergleich zu einem direkten Kauf anfällt. (76)

aus dem Geld (out of the money): Optionsschein ohne ⇨ inneren Wert: Das ⇨ Basisinstrument notiert beim ⇨ Call unter, beim ⇨ Put über dem ⇨ Ausübungspreis. Beispiel: Der OS berechtigt zum Kauf einer Aktie X zu 50 EUR, die Aktie hat aber einen Kurs von 40 EUR. Vgl. ⇨ am Geld, ⇨ im Geld. (71)

ausüben: Das in bestimmten Wertpapieren (⇨ Optionsscheine, ⇨ Bezugsrechte) verbriefte Recht (z. B. auf Kauf einer Aktie zu einem festgesetzten Preis) in Anspruch nehmen; Alternative zum Verkauf des Papiers, die sich im Falle der OS für den Privatanleger jedoch in den seltensten Fällen rentiert. (69)

Ausübungspreis (auch Basispreis): Preis, zu dem durch ⇨ ausüben eines Optionsscheins das Basisinstrument ge- bzw. verkauft werden kann. (69)

Bardividende (Nettodividende): Gewinnausschüttung einer AG ohne Körperschaftssteuer-Gutschrift; vgl. ⇨ Bruttodividende. (28)

Basisinstrument: Das Gut, auf das sich der ⇨ Optionsschein bezieht. (75)

Basispunkt: Beliebter Ausdruck zur Kennzeichnung von Zinsveränderungen bzw. -differenzen; entspricht 0,01 %. (55)

Bezugsrecht: Verbrieft das Recht der (Alt-) Aktionäre, bei einer Kapitalerhöhung der AG ⇨ junge Aktien zum (günstigeren) Ausgabepreis beziehen zu dürfen. Die B. sind kurzzeitig an der Börse handelbar, müssen also nicht ⇨ ausgeübt, sondern können auch verkauft werden. (24)

Bezugsverhältnis: 1. Bei Kapitalerhöhungen gibt es an, auf wieviel Altaktien eine neue begeben wird. (15) 2. Bei Optionsscheinen bestimmt das B., welche Menge des ⇨Basisinstruments mit wieviel Scheinen ge- bzw. verkauft werden kann. (41)

blue chip: s. ⇨ Standardwert (30)

Bogen: Physischer Bestandteil der ⇨ Aktie, der die jährlichen Dividendenberechtigungen verbrieft. (15)

Bonität: Kreditwürdigkeit des Emittenten von ⇨ Anleihen, die in Form von ⇨ Ratings ⇨ von Ratingagenturen ermittelt und veröffentlicht wird. (47)

book-to-bill-ratio: Kennziffer der ⇨ Fundamentalanalyse für Aktien. Setzt die im Betrachtungszeitraum neu hereingenommenen Aufträge zu den ausgeführten Aufträgen in Beziehung; Werte deutlich über 1 signalisieren in Zukunft wahrscheinlich steigende Umsätze. (33)

Branchenrotation: Da je nach Branche die Gewinne unterschiedlichen Einflußfaktoren unterliegen, wechseln die an der Börse bevorzugten Branchen in Abhängigkeit von der Entwicklung bestimmter Schlüsselgrößen wie Zinsen und Devisenkurse. (35)

Bruttodividende: Gewinnausschüttung einer AG inkl. Körperschaftssteuer-Gutschrift; vgl. ⇨ Bardividende. (28)

Call: Börsenpapier, das eine Kaufoption verbrieft. Call-Optionsscheine berechtigen mithin zum Kauf des ⇨ Basisinstruments (z. B. einer Aktie); vgl. ⇨ Put. (69)

Chart: grafische Darstellung (von Kursverläufen). (26)

Coupontermin: Datum der meist jährlichen Zinsausschüttung von ⇨ Anleihen. (93)

DAX (Deutscher Aktienindex)**:** Neben dem DAX 30, der die 30 wichtigsten AGs vereint, existieren viele weitere Indizes. (21)

Depotstruktur: Aufteilung des Gesamtdepots nach einzelnen Anlageinstrumenten (Aktien, Anleihen, Optionsscheine, aber auch Barmittel). (105)

derivatives Instrument (Derivat): Abgeleitetes Wertpapier, das nur durch seinen Bezug auf ein anderes Instrument einen Wert erlangen kann; Beispiel: ⇨ Optionsschein. (69)

Devisen: Auf ausländische Währungen lautendes Buchgeld; vgl. ⇨ Sorten. (11)

Discountbroker: Institutionen, die Börsenorder ohne Beratung ausführen. Bei Discountbrokern kann der mündige Anleger 50 bis 90 % der üblichen Provisionen einsparen. (16)

Diversifizierung: Möglichst ausgewogene Verteilung der Mittel eines Anlegers auf verschiedene Anlageobjekte, um das Gesamtrisiko des Depots zu senken. (66)

Dividende: Drückt den Gewinn aus, den eine AG pro Aktie ausschüttet. Wird nach Vorschlag des Unternehmens von der Hauptversammlung festgesetzt. (17)

Dividendenpapier: Andere Bezeichnung für ⇨ Aktie. (12)

Dividendenrendite: Kennzahl der ⇨ Fundamentalanalyse von Aktien; setzt die ⇨ (Netto-)Dividende in Beziehung zum Kurs der Aktie. (20)

Effektivrendite: Im Unterschied zur Nominalverzinsung gibt die E. die tatsächliche Rendite einer Anleihe (unter Berücksichtigung des Kaufkurses) an; gilt nur, wenn das Papier während der gesamten verbleibenden Laufzeit gehalten wird. (49)

Emission: Ausgabe von Wertpapieren. (41)

Euribor: Nachfolger des ⇨ Fibor im Zeitalter des Euro.

european style: Optionsscheine, die nur am Ende ihrer Laufzeit ⇨ ausgeübt werden können; vgl. ⇨ american style. (74)

Festzinsanleihe: Anleihe mit unveränderlicher (jährlicher) Zinszahlung; vgl. ⇨ Floater. (56)

Fibor: „Frankfurt inter bank offered rate"; (Kurzfrist-)Zinssatz unter Banken, der der Verzinsung von ⇨ Floatern zugrunde gelegt wird. (57)

Floater (floating rate note; FRN): Anders als die ⇨ Festzinsanleihe ist der F. eine variabel verzinsliche Anleihe, deren laufende Verzinsung in regelmäßigen Abständen (meist 6 Monate) an die Marktentwicklung angepaßt wird. (56)

fortlaufende Notierung: Für die gängigen Aktien werden fortlaufend aktuelle Kurse ermittelt (anders der ⇨ Kassakurs). (12)

Fremdwährungsanleihen: ⇨ Anleihen, die auf ausländische Währungen lauten und damit ein Wechselkursrisiko beinhalten. (60)

Fundamentalanalyse: Untersuchung der Kursaussichten einer AG anhand harter betriebswirtschaftlicher Daten und Fakten, vgl. ⇨ technische Analyse. (27)

Geldmarkt: Der Markt der ⇨ Termingelder. (47)

genehmigtes Kapital: Der Spielraum, den die Hauptversammlung einer AG dem Unternehmen für Kapitalerhöhungen (durch Aktienausgabe) eingeräumt hat. (41)

Genußschein: Verzinsliches Wertpapier mit Zwitter-Charakter zwischen Aktie und Anleihe, keine einheitliche Ausgestaltung. (62)

going public: Börsengang; erstmaliges Aktienangebot einer AG an das breite Publikum. (39)

Hauptrefinanzierungssatz: Wichtigster Leitzins der europäischen Zentralbank. (102)

Hebel: Der (theoretische) H. gibt an, um wieviel Prozent sich der Optionsscheinkurs verändert, wenn sich das ⇨ Basisinstrument um 1 % bewegt. Je größer der Hebel, desto höher das Risiko des OS. (75)

historische Volatilität: Die in der Vergangenheit zu beobachtende Schwankungsintensität eines Kurses. (77)

im Geld (in the money): Optionsschein mit ⇨ innerem Wert. Das ⇨Basisinstrument notiert beim Call über, beim Put unter dem Ausübungspreis. Beispiel: OS berechtigt zum Kauf einer Aktie X für 50 EUR, die Aktie notiert bei 60 EUR; beim Ausüben des Calls und sofortigem Wiederverkauf der Aktie entsteht ein Vorteil von 10 EUR. Vgl. ⇨ am Geld, ⇨ aus dem Geld. (72)

implizite Volatilität: Vom Markt angenommene, zukünftige Schwankungsintensität eines Kurses. (77)

Indikatoren (speziell in der ⇨ technischen Analyse): algebraisch/geometrisch aufbereitete Daten des Börsengeschehens. (26)

Inhaberaktie: Der Käufer einer I. verfügt sofort und automatisch über alle mit ihr verbundenen Rechte. (18)

innerer Wert: Eine der beiden Komponenten des Kurses eines Optionsscheins. Er entspricht dem Vorteil, den ein Anleger durch ⇨ Ausüben seines OS erzielt, wenn er sofort das Gegengeschäft tätigt (s. Beispiel ⇨ im Geld). (70)

inverse Zinsstruktur: Ein atypischer Verlauf der ⇨ Zinsstrukturkurve, bei dem die Renditen für kurze Anlagezeiträume höher ausfallen als für Langfristanlagen. (55)

jährliches Aufgeld: Ergebnis der Verteilung des ⇨ Aufgelds eines Optionsscheins auf die verbleibende Restlaufzeit (in Jahren); dient der besseren Vergleichbarkeit von Optionsscheinen unterschiedlicher Laufzeit. (76)

junge Aktie: Neue, aus einer Kapitalerhöhung stammende Aktie, die so lange als selbständiges Wertpapier gehandelt wird wie sie sich in ihrer Dividendenausstattung von den Altaktien unterscheidet (i. d. R. bis zur nächsten Hauptversammlung). (45)

Kapitalmarkt: Markt der Anleihen. (47)

Kassakurs: Der täglich gegen 12 Uhr für jeden an der Deutschen Börse vertretene Wert festgestellte Einheitskurs; vgl. ⇨ fortlaufende Notierung. (12)

Kontra-Indikator: Kennzahl der Aktienanalyse, bei der ein positiver Wert negativ zu interpretieren ist und umgekehrt; Beispiel „negative Opinion": Wenn die Mehrzahl der befragten Anlageberater eine Aktie zum Verkauf stellt, soll der Anleger nach diesem Kontra-Indikator den Wert kaufen. (33)

Kurs-Gewinn-Verhältnis (KGV): Häufig genutzte Kennzahl der ⇨ Fundamentalanalyse; setzt den Kurs zum Gewinn pro Aktie in Beziehung (auch „price/earnings", P/E). (31)

Kursindex: Index, der die reine Kursbewegung der ihm zugrunde liegenden Werte mißt, vgl. ⇨ Performance-Index. (24)

Kurszusätze: Die Kürzel hinter dem Kurs eines Wertpapiers geben Aufschluß über das Stärkeverhältnis von Angebot und Nachfrage. Beispiel: „G" (= Geld): zu diesem Kurs bestand nur Nachfrage. (40)

Libor: „London inter bank offered rate"; Synonym der englischen Börse zum deutschen ⇨ Fibor. (57)

Mantel: Physischer Hauptbestandteil der Aktie. (15)

Marktkapitalisierung: Der Wert aller existierenden Aktien einer AG oder eines gesamten nationalen Markts. (21)

Namensaktie: Erst nach der Eintragung im Aktionärsregister der AG kann der Käufer einer N. über sein Stimmrecht verfügen. (19)

NASDAQ: „National Association of Securities Dealers Automated Quotations System"; computergestützte US-Börse, mit derzeit mehr als 4000 AGs, vorrangig für Wachstums- und Hochtechnologieunternehmen. (25)

Nebenwert: Seltener gehandeltes Wertpapier, da z. B. unter ausländischen Anlegern weniger bekannt; das Marktverhalten von N. weicht von dem der ⇨ Standardwerte mehr oder weniger deutlich ab. (29)

NEMAX: Umfassender Index des ⇨ Neuen Markts. Der NEMAX 50 beinhaltet hingegen nur die 50 wichtigsten Werte dieses Marktsegments (22)

Nennwert (Nominalwert): Betrag, auf den die Wertpapiere ausgestellt sind. Für ⇨ Anleihen wichtig, die generell in „EUR Nennwert" geordert werden müssen, die in „Prozent des Nennwerts" notiert werden und deren (Nominal-)Verzinsung sich auf den Nennwert bezieht. (20)

Nettodividende: s. ⇨ Bardividende. (28)

Neuer Markt: Neues Segment, das 1997 an der Deutschen Börse eingerichtet wurde, um vorrangig jungen Wachstumsunternehmen ein ⇨ going public zu erleichtern. (15)

Nullkuponanleihe: Anleihe ohne laufende Verzinsung, die dementsprechend weit unter ⇨ pari begeben wird und ausschließlich Kursgewinne abwirft. (56)

Optionsanleihe: Niedrig verzinste Anleihe mit angehängtem/n Optionsschein(en) zum Bezug von bestimmten Aktien. (61)

Optionsschein: Weitverbreitetes, hochspekulatives ⇨ derivatives Wertpapier. Verbrieft das Recht auf Kauf oder Verkauf eines ⇨ Basisinstruments innerhalb einer bestimmten Zeit zu einem festgesetzten Preis. (⇨ Call, ⇨ Put) (11)

pari: „zum Nennwert"; Preisangabe bei der Emission von Anleihen. (40)

Parketthandel: s. ⇨ Präsenzbörse. (12)

Performance-Index (z. B. der Dax): Mißt nicht nur die reine Kursentwicklung, sondern den Gesamtertrag, bei Aktien etwa inkl. Bardividenden und Bezugsrechten; vgl. ⇨ Kursindex. (24)

Präsenzbörse (Parketthandel): Wertpapierhandel „von Mensch zu Mensch"; wird in jüngerer Zeit vom Computerhandel bedrängt. (12)

Put: Verkaufsoption; Put-Optionsscheine berechtigen zum Verkauf ihres Basisinstruments; vgl. ⇨ Call. (69)

Rating: Beurteilung der ⇨ Bonität von Wertpapieremittenten durch ⇨ Ratingagenturen. (51)

Ratingagentur: Unternehmen, das im Auftrag von Investoren, Emittenten oder auch aus eigenem Antrieb Bewertungen der Kreditwürdigkeit (⇨ Bonität) vornimmt. (51)

Rentenpapier: Andere Bezeichnung der ⇨ Anleihe. (11)

Reverse Floater: Komplexe, schwer kalkulierbare Spielart der ⇨ Floater. (56)

Rex: Rentenindex; mißt den theoretischen Kurs einer idealtypischen 6 %-Anleihe; für den Privatanleger weniger aufschlußreich als die ⇨ Umlaufrendite. (63)

small cap: ⇨ Nebenwert. (29)

Smax: Neues Marktsegment der Deutschen Börse (seit 1999) für kleinere AGs. (16)

Sorten: Bargeld in Fremdwährungen; (s. ⇨ Devisen). (97)

Stammaktie: Am weitesten verbreitete Aktienart, die ihren Besitzer auch zur Mitwirkung an Entscheidungen der Hauptversammlung berechtigt; vgl. ⇨ Vorzugsaktie. (17)

Standardwerte: Die bekanntesten und umsatzstärksten Aktien des (nationalen) Markts. (29)

Stop Loss: Bei dieser Spielart der Limitstrategie wird bei Überschreiten eines vorher festgelegten Maximalverlusts, der z. B. seit dem Einstieg oder seit einem zwischenzeitlich erreichten Höchstkurs aufgetreten ist, das entsprechende Papier verkauft, um die Verluste zu begrenzen. (106)

Stoxx: Indexfamilie, die Aktien aus dem gesamten Euroland (Euro Stoxx) bzw. aus der EU und der Schweiz (Stoxx) umfaßt. (26)

Stufenzinsanleihe: Eine Anleihenart mit variabler Verzinsung; anders als beim ⇨ Floater sind nicht nur Termine, sondern auch Richtung und Ausmaß der Zinsänderungen von vornherein festgelegt. (61)

Technische Analyse: Untersuchung der Börsenaussichten eines Wertes ausschließlich anhand seines Kursverlaufs, vgl. ⇨Fundamentalanalyse. (26)

Termingeld (Festgeld): T. wird für einen vereinbarten Zeitraum (i. d. R. bis zu 12 Monaten) auf dem ⇨ Geldmarkt angelegt, auch in fremden Währungen. (47)

Thesaurierung: Der nicht ausgeschüttete Teil des Gewinns wird thesauriert und verbleibt somit dem Unternehmen zur Substanzstärkung und/oder für Investitionen. (29)

Trading: Kurzfristiges Ein- und Aussteigen an der Börse. (107)

Übernahmephantasie: Der Ankauf einer AG durch ein anderes Unternehmen erfolgt meistens zu Kursen deutlich oberhalb des in der Zeit zuvor erreichten Niveaus; Gerüchte oder Vermutungen zu einer möglichen Übernahme beflügeln daher nicht selten den Kurs des Kaufobjekts. (34)

Umlaufrendite: Durchschnittsrendite festverzinslicher Wertpapiere (erster Bonität); erlaubt auf einen Blick die Einschätzung des Marktzinsniveaus und eignet sich daher gut als DAX-Pendant für den Rentenmarkt. (63)

variabel verzinsliche Anleihe: s. ⇨ Floater. (57)

vinkulierte Namensaktie: Sonderfall der ⇨ Namensaktie. Die AG muß, bevor sie einen Eigentümerwechsel ihrer Aktien ins Register eintragen kann, anhand genau festgelegter Kriterien überprüfen, ob objektive Gründe dagegen sprechen. (18)

Volatilität: Maß für Schwankungsbreite der Kurse; s. a. ⇨ historische und ⇨ implizite Volatilität. (22, 77)

Vorzugsaktie: Aktie mit höherer Dividende oder bevorzugter Gewinnberechtigung, aber ohne Stimmrecht; s. ⇨ Stammaktie. (17)

Wandelanleihe: Anleihe, die zu festgelegten Bedingungen in Aktien umgetauscht werden kann. (61)

Warrant: Anderer Begriff für ⇨ Optionsschein. (69)

Wertpapierkennummer: Sechsstellige Zahl, die jedes in der Bundesrepublik gehandelte Wertpapier eindeutig identifiziert. (91)

Xetra: Exchange Electronic Trading; elektronisches Handelssystem der Deutschen Börse (Computerbörse). (12)

zeichnen: Ein gerade neu begebenes Wertpapier direkt vom Emittenten, also nicht über die Börse kaufen. (42)

Zeitwert: Wertkomponente des Kurses eines ⇨ Optionsscheins; die Höhe des Z. hängt vorrangig von der verbleibenden Restlaufzeit ab; vgl. ⇨ innerer Wert. (70)

Zerobond: s. ⇨ Nullkuponanleihe. (56)

Zinsstrukturkurve: Veranschaulicht die Renditen (erstklassiger Anleihen) für unterschiedliche Laufzeiten. (53)

Für Ihre Notizen